出版说明

胡立根、谢晨先生主编的"经典阅读课"丛书,致力于传承中华优秀文化基因,提升青少年核心素养,帮助中小学生在阅读经典中建构并丰富自己的精神图式。在编辑过程中,我们按照现代出版规范对选文进行了统一处理,对部分选文做了删减,力求提供一套符合现代文字规范的青少年读物,以建立对纯洁汉语的认知和体悟。敬请作者、译者见谅。

另外,我们已经联系到大部分选文的作者和译者,他们同意将作品列入"经典阅读课"丛书,但由于作者面广,仍有部分作者和译者无法取得联系。请作者和译者看到本丛书后,尽快与我们联系,以便奉寄样书和稿酬。

诚致谢意!

联系人:蒋鸿雁

电话:0755-83460371

Email:984213171@qq.com

深圳市海天出版社有限责任公司
2018年7月

青少年核心素养
经典阅读课

文学顾问 / 曹文轩

主编 / 胡立根 谢晨

审美的盛宴

本册主编 / 胡立根

编者 / 胡立根 王自成 沈丽珍

海天出版社（中国·深圳）

图书在版编目(CIP)数据

审美的盛宴 / 胡立根, 谢晨主编. — 深圳 : 海天出版社, 2018.7

(青少年核心素养经典阅读课)

ISBN 978-7-5507-2130-2

Ⅰ.①审… Ⅱ.①胡… ②谢… Ⅲ.①阅读课—中学—课外读物 Ⅳ.①G634.333

中国版本图书馆CIP数据核字(2017)第325445号

审美的盛宴
SHENMEI DE SHENGYAN

出 品 人	聂雄前
项目负责人	蒋鸿雁
责 任 编 辑	胡志田
责 任 技 编	梁立新
责 任 校 对	万妮霞
封 面 设 计	深圳市张达利设计有限公司

出 版 发 行	海天出版社
地 址	深圳市彩田南路海天综合大厦（518033）
网 址	www.htph.com.cn
订 购 电 话	0755-83460397（批发） 83460239（邮购）
排 版 制 作	深圳市龙瀚文化传播有限公司 0755-33133493
印 刷	深圳市华信图文印务有限公司
开 本	787mm×1092mm 1/16
印 张	19.75
字 数	275千
版 次	2018年7月第1版
印 次	2018年7月第1次
定 价	32.00元

海天版图书版权所有，侵权必究。
海天版图书凡有印装质量问题，请随时向承印厂调换。

总序

阅读需要仰视

阅读，是对世界和生命的凝视。未经凝视的世界是毫无意义的。苏格拉底说："认识你自己。"经由阅读，我们的心沉静下来，开始细心聆听远方的声音，聆听与自己相隔千里万里、相距千年万年的高贵的生命回响，从而更好地认识世界，认识自己。

阅读，让灵魂高贵，让生命丰盈。人的精神高度与阅读高度紧密相联，人因读书而高贵。经由阅读，你会获得一种让灵魂生香的高贵气质。阅读，让我们领略另一种不可能经历的时代和生命，让我们用一种新的眼光反思生活，面对人生。

阅读与写作相辅相成。阅读是张弓，写作是支箭。要想写作这支箭射得更远，就要让阅读这张弓更强。阅读就像采摘葡萄，在心土的深处发酵久了就变成了葡萄酒，这就是阅读给再创作带来的灵感。

阅读，要与高贵的文字结缘。书是有血统的。我们要读有高贵血统的书，这些书能照亮生命的旅程。对于成长中的孩子而言，要让他们在有限的生命长度里读有价值的书，多读能够打精神底子的书，读"有根的书"，读经典。经典至高无上，阅读需要仰视。

深圳是一座有着自己的人文梦想的城市，深圳读书月已经开展了

18年，深圳青少年阅读也一直是一面迎风招展的旗帜。这些年来，我每年都要到深圳，和深圳的校长、老师、学生，也和更多的市民朋友讲阅读，我一直强调读书要有选择，青少年人生经历有限，学业压力大，读什么书是一个很重大的问题。我在很多情况下讲过，现在的很多孩子读的是没有用的书，没有"根"的书。这个根，就是要有"文脉"，能够传承下去。近年来，深圳市学生文联和胡立根工作室一直在做一件事情，那就是帮助、引导学生阅读经典。基于青少年核心素养的"经典阅读课"丛书，立足人生中必然面对的关于传统、关于生命、关于自然、关于亲情、关于家园、关于哲学、关于历史、关于审美等12大命题，精选古今中外经典名篇，加以导读，汇成12个主题读本。这套"经典阅读课"是知名特级教师胡立根、知名阅读推广人谢晨和他们的团队多年阅读教育和阅读推广实践的集大成，已经数年试用，效果良好。我乐于见到一个青少年经典阅读推广的阳光地带。

"经典阅读课"是一套有"根"的书。愿每一个青少年读者都能懂得仰望经典、凝视生命，在阅读经典的过程中建构精神家园，打好人生底色。

曹文轩
2017年12月于北京大学蓝旗营住宅

序言

传承文化基因，提升核心素养

"春江潮水连海平，海上明月共潮生。滟滟随波千万里，何处春江无月明……"

浩瀚的大海，蕴藏无数珍奇，充满神奇魅力。但是，沧海茫茫，却又令我们无所适从。于是，许多人一个猛子扎进去，纵然喝了满肚子的海水，但最终被淹没在大海之中。有的人跳进去，捞了几只鱼虾，上得岸来，也不管有没有毒，适不适合，便整条整条地吃下去，吃得津津有味，这样，虽是品尝了海味，但终是囫囵吞枣，难免中毒，更不知大海中还有许多更神奇的美味。于是有一些潜水高手，一些渔民，从大海中打捞出各种珍品，一股脑堆在那里，或者胡吃海吃，最终可能导致消化不良，难以有效吸收。

同样，当我们来到人类文化的大海之滨，渺小的我们，会不会像当年张若虚那样，被人类文化的浩渺所震撼，所吸引？面对人类浩如烟海的文化典籍，我们有这样几种做法，一种是一头扎进去，找到几本书，也不知适不适合自己，读了再说。这种阅读，当然有价值，但正如老子所言："吾生也有涯，而知也无涯。以有涯随无涯，殆已！"在信息化的当今时代，各种信息纷至沓来，新的知识层出不穷，令人应接不暇，尤其是学生，课业负担繁重，而大部分学生今后所从事的又并非狭义的文化类工作，哪有那么多时间一本一本地将文化典籍读完呢？这样我们所读的典籍终究有限。

于是我们有许多文人、学者、老师，从大量的文化典籍中遴选出优秀的篇章，编辑了各种各样的读本。这些读本因为经过了认真挑选，剔除了糟粕，浓缩了精华，应该是为读者提供了一定的精神食粮。这些读本虽然也形成了自己的所谓体例，也多是分单元阅读，但基本上是，或按作者，或按朝代，或按国别，或者取一个华美的单元标题，选文之间多缺乏内在的逻辑联系，选本没有形成独立的思维结构，因而仍然脱不了碎片化的嫌疑。大多只是将许多好东西送到了读者的面前，读者读完之后，虽不说是一地鸡毛，但很可能是一锅乱炖。

这就涉及我们今天为什么要阅读经典的问题。其中的一个目的，可能是了解，通过阅读经典，知道往圣先贤的生活、思想状况。但是，了解不应该是主要目的，读经典主要不是为了发思古之幽情。经典的阅读，不是让读者回到过去，更不是让孩子们穿着唐装汉服，摇头晃脑地之乎者也，经典阅读的目的应是指向未来；我们要将往圣先贤请到当下，让他们来指导我们当下的行为。因此经典的阅读的目的，固然有丰富知识的因素，但是，知识不是我们的终极目的，经典阅读最终应该指向我们的行为，指向实践。

人类文化经典的形成，并不是一朝一夕之功，而是千千万万的先辈们，面对生命，面对人生，面对世界的诸多问题、诸多困扰，进行探索，从而形成他们的思考，形成他们应对的态度和精神。因此，所谓经典，本质上就是往圣先贤人生实践的精彩总结与记录。其中，最有价值的就是往圣先贤思考问题的方式、他们的精神态度、他们的人生趣味，这一切，我们不妨称之为思维图式、精神图式和审美图式。

早在19世纪，威廉·冯·洪堡特就说："在语言中，个别化和普遍性协调得如此美妙，以致我们可以以为下面两种说法同样正确：一方面，整个人类只有一种语言；另一方面，每个人都有一种特殊的语言。"①世界的语言无疑是多种多样的，但洪堡特为什么说整个人类只有一种语言？因为，每一种语言的背后，实际上隐藏着民族共同的认知与思维的方式和情感、价值观、世界观的共同趋向，甚至隐藏着整个人类相近的思维与认知方式，人类相近的情感价值观方向，也就是说，形形色色的语言背后，有民族的、人类的共有的思维图式、精神图式和审美图式在，正因为这样，不同语言的人群之间才能进行沟通和理解。而这些共有的图式，就是洪堡特所谓共有的语言，这些共有的思维图式，实际上就是民族和人类的文化基因。而经典，之所以能成为经典，就是因为承载了民族的、人类的共同的思维与情感的成果，隐含了一个民族甚至整个人类的共有图式。因此，民族的、人类的共有的思维图式、精神图式、审美图式应该是经典的内核。

经典之所以成为经典，固然与经典语言的规范与生动有关，但经典往往并不代表当时语言的最高法则，即使经典的语言代表当时语言的最高法则，这些法则对于当今时代，其价值也是极其有限的。经典的最高价值，是人类和民族某一阶段、某一方面的思维图式、精神图式乃至审美图式的精致的凝固，是民族和人类的思维图式、精神图式、审美图式的瑰宝，是人类文化的优秀基因。这才是我们阅读经典最应关注的东西！对于读者来说，人生也许没有非读不可的书，就像苏轼没有读过《红楼梦》，奥巴马不一定读过《论语》，但是，人生一定有必须面对和思考的问题，所以，《红楼梦》中涉及的许多话题，苏轼都有过深邃的思考，《论语》中涉及的许多问题，奥巴马也应该做过探索。所以，今天读经典，可能并非必须读某一本书，但是，我们应该从经典中吸取往圣先贤应对人生问题的优秀的思维图式、精神图式和审美图式，从而优化我们自己的思维结构、精神世界和审美趣味，进而提升我们的核心素养。

---

① 威廉·冯·洪堡特.论人类语言结构的差异及其对人类精神发展的影响[M].姚小平，译.北京：商务印书馆，1999.

这样，经典阅读，实际上有三个层面，第一个层面是语音、文字、词汇和语法，这是最表层的东西，也是入门的东西；第二个层面是语言的技巧，包括修辞、章法、为文技巧等；第三个层面是思维图式、精神图式和审美图式。而第三个层面，实际上又包括两个层次：一是民族的思维图式和精神图式；二是人类的思维图式和精神图式。第三个层面才是经典阅读的关键所在。

但是，我们怎样从经典中获取这些高贵的文化基因？我们怎样才能掌握人类几千年来传承的思维图式、精神图式和审美图式？按照前文所述的第一种方式，一头扎进去，找几本书读一读，固然可能获取某一个作家的某种文化基因，但，一则可能将不良基因也一并收取，二则所获有限。如果按上述第二种方式，阅读各种优秀文章堆砌的读本，可能避免了不良基因的吸收，但是，这些选本多是文章的碎片化堆砌，并没有从思维图式、精神图式和审美图式的角度进行整合，在阅读中，我们可能只能形成碎片化的记忆，难以形成我们自己的优秀的思维、精神、审美的图式。

基于这样的思考，我们尝试着从人生必须思考的问题出发，精选人生问题的12个主题，研究往圣先贤对这些问题的思考、态度与趣味，从浩如烟海的经典中，抽取我们认为承载了优秀的思维图式、精神图式、审美图式的经典文本，按相关主题，从这三个图式的角度加以梳理，编辑了这一套"青少年核心素养经典阅读课"主题阅读丛书，以求有助于构建我们的思维图式、精神图式和审美图式。

本丛书共分12个主题。包括人生首先必须面对的生命问题、人生发展问题、情感问题，从这个层面，我们编辑了《生命的长河》《人生的智慧》和《情感的咏叹》三个主题读本；然后是人与自然的关系、人与家国的关系和人与历史的关系，从这个层面我们编辑了《自然的密码》《家园的守望》和《历史的声音》三个主题读本；再上升一层是本民族的文化传承、科学的问题和哲学思考，在这个层面，我们编辑了《传统的精髓》《科学的边界》和《智者的哲思》三个主题读本;作为经典的语文读本,我们还从审美的角度选取了三个主题,包括审美与艺术、经典美文、古典诗词,由此编辑了《审美的盛宴》《美文的品鉴》和《诗词的韵味》三个主题读本。

为了引导读者从思维图式、精神图式和审美图式的角度思考相关主题,在编辑中,我们力图体现以下编创原则:

一是经典性。在选文上,力求将人类关于相关主题的思想精华和最具艺术化的作品呈现给读者,尽量让读者占领相关主题的人类思维制高点。

二是建构性。该丛书与其他读本类丛书最大的区别在于,编者以人生必须面对的问题为切入口,以问题的思辨和解决为逻辑主线,选取相关经典,力图以此引导读者建立起相关的精神图式、思维图式。

三是可读性。考虑到本丛书的主要读者对象为青少年,在选文上尽量做到经典性的同时,适当降低了选文难度,难度稍大的选文,在"导读"和"交流之窗"中对阅读做一些梳理性的提示。在导读的用语上也尽量考虑以青少年为读者对象,尽量增强导读的活泼性和可读性。

四是思辨性。在选文上,将思辨性放在优选地位,以期给读者思想启迪,不少章节有意识地选取了一些持不同观点的文章,目的在形成思想的冲击波。编者还为读者提供了相关主题的研究范本,试图引导读者对相关主题结合当下进行深入思考与研究,帮助读者形成相关主题的健全的意识与感悟、思考。

五是原创性。在编辑中尽量做到体例的原创,导读的原创,注释的部分原创。在体例上,根据相关主题的思维结构设计相关章节,试图以此形成相关主题的完整的思维结构和精神样式。每个主题的每一章设计有相关的导读,每篇选文设计有编者与读者的"交流之窗",以引导读者深入思考。

六是大视野。选材范围力争广阔,力争站在一定的学术高度,所以除了国学主题之外,其他主题所选文章都涉及古今中外。而国学主题的选文则尽量从整个国学史的大视野，提取中华文化的优秀基因，选取国学经典，并从源流上对中华民族的优秀的思维图式、精神图式进行梳理。

本丛书能够顺利出版，非常感谢胡立根工作室的所有成员及编写工作的所有参与者的辛勤劳动。当然更要感谢促成本丛书出版的谢晨先生，感谢海天出版社的领导和编辑的大力支持。尤其要感谢安徒生文学奖得主曹文轩先生欣然担任本丛书的文学顾问并为本丛书作序，曹先生对本丛书的编辑给予了多方面的指导，提出了许多宝贵的具体建议，才能使本丛书有今天的高度。

当然，由于编者视野和水平所限，选文、体例、导读等等，难免有不尽如人意的地方，我们期待读者的宝贵意见。

胡立根
2017年12月于深圳羊台山

前言

一、理想理由

世界上不是没有美,而是缺少发现美的眼睛!世界上不是没有精神的矿藏,而是因为我们只顾汲汲于蜗角虚名,而忘记了美就在我们身边,就在我们的心里!

在这个物质高度丰富、精神相对贫乏的转型时代,在这个人们开始由外在的物质欲求转向内在的精神追求的时代,在这个由做"物质贵族"到做"精神贵族"的时代,艺术和美,必将成为我们最需要的精神营养,为我们的生命成长提供最有价值的心灵营养!

试想,陶渊明不愿"心为形役",毅然高挂印玺,转身回归田园,如倦飞而知返的鸟,如无心而出岫的云,登东皋舒啸,临清流而诗之时,灵魂何等自由,生命何等欢畅!

当"乌台诗案"将苏轼打入人生的低谷,当苏轼一次次遭受谗言陷害、生命困厄之时,是诗,是文学,让他洒然面对风雨,坦然笑对人生——"莫听穿林打叶声,何妨吟啸且徐行。竹杖芒鞋轻胜马,谁怕?一蓑烟雨任平生"!

当白居易遭受贬谪,漂泊天涯,"转轴拨弦三两声,未成曲调先有情",一曲凄怆婉转的琵琶曲让江州司马黯然垂泪,青衫润湿,更让他心灵暂得慰藉!"同是天涯沦落人,相逢何必曾相识"又慰藉了千古多少命途坎坷、漂泊江湖之人!

当我们被都市的喧嚣缠绕,被人生的困境挫顿,我们如果能够暂时转向,欣赏艺术,感受自然、社会、人生之美,也许能够重新回归心灵的宁静,重获精神的自由!

米罗的维纳斯那生命的跃动让我们发现自己的创造潜能,感受人类生生不息的原动力;杨丽萍那轻盈的孔雀舞唤醒我们灵魂的圣洁与崇高;齐白石那大片空白中形态活泼、灵敏机警的虾让我们感受到万物的生机、生命的空灵!

艺术和美可以让我们与繁琐的现实人生保持适当的距离,可以让我们从逼仄局促的空间和紧张的工作之中抽身,让我们在尘世奔波的疲惫心灵暂得休憩。

艺术以其自身的魅力唤醒我们心灵深处对美的感觉,让我们在或宁静、或激越、或阳刚、或婉约中体会到美,陶冶我们心灵的情操,疗治我们精神的创伤。史铁生说:文学创作对于我的意义,是苍茫左右时,唯一可以走的路;路无法再用腿去蹚,只能用笔去找。而这样的找,也让一颗世间最为躁动的心回归宁静。是文学和美让史铁生实现了生命的自我救赎!

当我们心情狂躁的时候,听几支小夜曲,或者练一练书法,我们的心情也许会渐渐平静下来;当我们思乡的时候,吟诵《静夜思》或《望月怀远》,也许可以抚慰我们忧伤的心灵;当我们慵懒无力的时候,跳一段华尔兹或探戈,也许你的精神就会为之振奋起来;而当我们的国家遭受苦难的时候,一起唱起雄壮的国歌,我们会在庄严和崇高中满含热泪!

艺术的作用就是这样的神奇!美神就是具有如此神奇的感召力!

二、编辑意图

《审美的盛宴》是一本关于审美艺术的主题读本。我们通过读本,试图为亲爱的读者勾勒一个涵盖古今中外审美与艺术方面的、各种具有代表性的文学作品和理论作品的美学大观园,引导读者概览人类文明关于美的追求的精华篇章,帮助读者建立美的基本概念,形成对美的基本认识,提高读者的美学和艺术修养,促使大家做一个有精神根基的人!

本书共分十编。

第一至二编:美的准备

第一编《美啊美,美是难的》是起始编,从寻找美的源头(如《美在何方》)出发,踏上欣赏"艺术与美"的旅途。

第二编《慢慢走,欣赏啊》是准备编,从欣赏美的态度,谈到欣赏美的方法准备(如《诗歌欣赏的准备》)。

第三至四编：美的风格

第三编《红牙板，铜琵琶》是风格编，略谈了具象美和抽象美。

第四编《月神与日神》是文明编，在中（如《画里阴晴》）西（如《阿基琉斯与阿伽门农王争吵结怨》）对比中，呈现了东西方文明月神和日神精神的不同。

第五至七编：美的类别

第五编《文学之美》，精选小说（如《香菱学诗》）、散文、诗歌（如《人间词话》）、戏剧的篇章，呈现了文学的大美。

第六编《书画乐舞》，精选书法、绘画、音乐（如《流浪的二胡》）、舞蹈等方面的篇章，为读者呈现艺术之美。

第七编《生活皆美》，精选民间传说、地方音乐、古代建筑、园林盆景等方面的篇章，呈现生活之美。

第八至十编：美艺杂谈

第八编《艺术大师》精选辛弃疾、卓别林、邓肯、罗丹等艺术大师的故事或作品；第九编《艺术三昧》精选赵鑫珊、丰子恺等谈艺术真谛的作品；第十编《艺术是玩的》精选谈文学、书法、艺术物品等与"玩"之间关系的作品；从不同侧面，或展现艺术家的丰富人生，或揭示艺术创作和欣赏的真谛，或探讨科学与美之间的关系，或呈现种种"玩味艺术"之趣，为我们呈现了丰富别样的艺术世界，带给我们关于艺术与美的种种深刻的思想和启迪。

三、选文特点

第一，选文要经典，要选择那些经过历史检验的人类文明中关于艺术与美学方面的经典著作。

第二，选文要有极强的可读性，尤其是适合具有初中以上学历的学生阅读，从而为大家提供最丰富的精神营养。

第三，选文要雅致，体现艺术与美学雅致的特点，让人一阅读就产生美的感觉。

第四，选文价值观正确，要符合社会主义核心价值观，颂扬真善美，传播正能量。

第五，多数篇章的选文兼顾文学作品和理论作品，以期从艺术与美的具体形象和抽象观念两个方面给读者以启迪。

第六，选文内容尽量多元，时代兼顾古今，范围兼顾中外，种类兼顾文学（诗歌、小说、散文、戏剧）、音乐、绘画、书法、篆刻、舞蹈、雕塑、建筑、盆景、什物等。

四、阅读建议

亲爱的朋友，"艺术是可以玩的"。我们阅读这本书的时候，也不妨带着轻松的、玩味的心情来读。你可以循着书本原来的章节顺序读，顺着寻找艺术与美、发现艺术与美、欣赏艺术与美、思考艺术与美的思维路径来阅读，这样可以在我们的脑海中勾勒出一幅完整的艺术与美的游览欣赏路线图。

当然，你也完全可以凭着自己的兴趣来读，随便翻阅，喜欢哪一篇，就读哪一篇，这样随兴所至，说不定会不时有新的发现，新的收获。就像是一个自己独行的"驴友"，在探险般的旅行中，往往容易发现别人发现不了的景观。

还有，你也可以只挑选自己喜欢的章节来读，反复地读，艺术是需要玩味的，反复地阅读自己喜欢的美的作品，你往往会产生比较独特的、深刻的感受。

再者，你也可以采用联系的方法来读，如果你读到的某个内容，联想到了以前看过的某篇文章或某幅图画，你不妨把正在阅读的文章先放下来，然后去寻找相关的文章或图画，将它们进行比照，丰富你正在阅读的作品。比如，你读到了"断臂的维纳斯"，你不妨上网搜索维纳斯的雕塑画像，或者你的桌案上刚好有这样的一个雕塑，你可以拿它与你阅读的作品做一个比照，做一次思考。这样联系你自己的生活，将你的生活体验融入你正在阅读的作品之中，你一定会获得新的、更为丰富的感受。

所以，我们的建议是，欣赏艺术作品的美，欣赏《审美的盛宴》，你要具有"美神的精神"。随性阅读，生命融入，你自然会体验到艺术的美，体会到生命的自由！

编　者

目录 contents

001	**第一编　美啊美，美是难的**	
005	美在何方	陈　村
009	海之美	古尔蒙　郭宏安 译
013	草　原	老　舍
016	丑　石	贾平凹
019	美从何处寻	宗白华
029	**第二编　慢慢走，欣赏啊**	
033	我们对于一棵古松的三种态度 ——实用的、科学的、美感的	朱光潜
038	诗歌欣赏的准备	谢　冕
045	**第三编　红牙板，铜琵琶**	
049	绝版的周庄	王剑冰
053	猛虎和蔷薇	余光中
058	具象美	丰子恺
063	关于抽象美	吴冠中
070	风格散记（节选）	王　蒙
079	崇高与秀美的组合	刘再复
089	**第四编　月神与日神**	
093	画里阴晴	吴冠中

096	在敦煌（节选）	季羡林
103	阿基琉斯与阿伽门农王争吵结怨	
	荷 马 罗念生	王焕生 译
113	盛唐之音（节选）	李泽厚
124	中国艺术表现里的虚和实	宗白华

131　第五编　文学之美

135	庐山思绪	陈世旭
140	香菱学诗	曹雪芹
148	词牌散文诗	许 淇
152	中国戏曲的虚实相生之美	戴 平
157	《人间词话》八则	王国维

161　第六编　书画乐舞

165	流浪的二胡	陈荣力
169	我与绘画的缘分	丘吉尔　王汉文 译
175	长沙九日登东楼观舞	李群玉
177	中国画与西洋画	丰子恺
181	论山水	里尔克　冯 至 译
187	中国书法	林语堂
196	蒙娜丽莎	王克难

199　第七编　生活皆美

203	秦腔	贾平凹
212	巷	柯 灵
215	中国诗文与中国园林艺术	陈从周
220	小中见大，盆景与山水画相通	王世襄

223	**第八编　艺术大师**	
227	把栏杆拍遍	梁　衡
237	卓别林——夏尔洛	乔治·萨杜尔　韩　默　徐继曾 译
241	朝圣希腊	伊莎多拉·邓肯　张明彬 译

245	**第九编　艺术三昧**	
249	艺术世界的空筐结构（节选）	赵鑫珊
252	从梅花说到艺术	丰子恺
258	艺术的园地	丰子恺

269	**第十编　艺术是玩的**	
272	讲故事的人	莫　言
285	"玩文学"的科学家们	徐　强
289	玩物而不用丧志	启　功
292	玩是大境界	冯景元

第一编
美啊美，美是难的

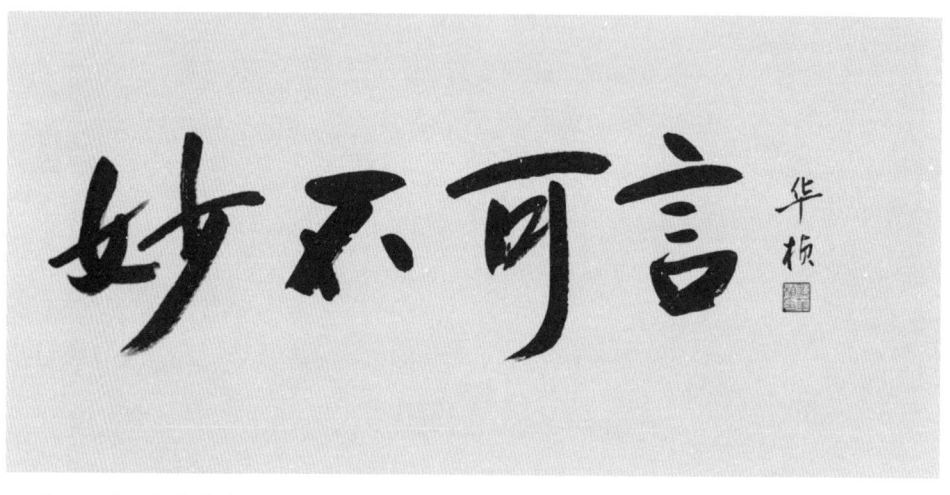

⊙ 妙不可言　邹华桢书

当我们用电脑打字时,往往你想打"美丽"一词,空格键一按,结果电脑为你推送的是"魅力";当你再想打"魅力"一词,电脑为你推送的却是"美丽"。似乎,美丽就是魅力。是的,虽然美并不等于美丽,但美确实令人着迷。美的山川,令你流连忘返;美的人儿,令你神魂颠倒;美的物品,令你爱不释手;美的音乐,令你如醉如痴;美的画图,令你赏心悦目——美的一切,吸引着你接近她,欣赏她,赞美她,甚至去占有她。

那么,美在哪里?宗白华在他的《流云小诗·诗》中说:"啊,诗从何处寻?/在细雨下,点碎落花声,/在微风里,飘来流水音,/在蓝空天末,摇摇欲坠的孤星!"是啊,美就像诗一样,无处不在。可是真的无处不在吗?真的在细雨里吗?我怎么没看到?尤其是当斜风细雨令人狼狈不堪时,哪有什么美可言?美在花那里吗?可是杜甫说,"感时花溅泪,恨别鸟惊心",看来有时花也不见得美呀。

美是什么?美似乎是什么,又不是什么。美是美人吗?是的,漂亮的西施、美丽的昭君,那是真美啊,而那烽火戏诸侯的女主褒姒,也很漂亮,但她美吗?狮与虎是美的,无论是孟加拉虎、华南虎、东北虎,尤其是在美丽的大自然中纵情奔驰的猛虎雄狮,令人赞叹,可当那雄狮猛虎猛然扑向你时,它还美吗?"大江东去,浪淘尽,千古风流人物。"滚滚长江,滔滔大海,波澜壮阔,壮美异常,可是当一场洪水、一场海啸吞噬成千上万人的生命时，便令人诅咒！《红楼梦》中的林黛玉和薛宝钗，许多人觉得宝钗更美，而宝玉却认为最美的还是他的林妹妹。是情人眼里出西施吗？一幅画、一幅字、一首歌、一篇小说，你说喜欢，他说一般，见仁见智啊。

上帝啊，美到底是什么啊？聪明的你一定会这么追问。几千年来，人类的智者就是这么不停地追问的，可惜的是，人们一直没有找到满意的答案。早在两千多年前，柏拉图就曾经在他的《大希庇阿斯篇》中借苏格拉底之口发出了沉重的感慨："美是难的！"

美是难的，这既是美的难题之所在，也是美的魅力之所在。

美在何方

陈 村

陈村,生于 1954 年,当代作家。

说起来十分奇怪,记忆中对美的觉悟居然是从书本开始!

我生活的这个城市,美是需要用点劲才能看得出来的。城市给我的印象有些肮脏、杂乱、喧嚣、破旧,其间自然有许多美丽的事物,譬如一朵花,一片云。我的这个城市适宜拍照而不是游览。每次从风景地归来,总是十分沮丧,往日的麻木被瀑布森林大漠海洋洗去,活泼泼的感觉神经便觉得疼痛。朋友教过我一个看画的方法:卷起一本杂志,像单筒望远镜,用一只眼睛来欣赏。这时,遮去画框之外的纷乱,画居然明亮立体得多。城市之美也是这样得来的。

不过,我不能总是眯着一只眼走在街上。我的印象总是整体的印象。

"两个黄鹂鸣翠柳,一行白鹭上青天。窗含西岭千秋雪,门泊东吴万里船。"

我的审美意识是从这里开始的。

中国古典诗词的美是那么纯粹,令人情不自禁,我不知也无须知道翠柳置身何地,无须知道这千秋的沧桑与万里的景观。"枯藤老树昏鸦,小桥流水人家。"词儿一蹦一跳的,读起来眼睛会一闪一闪。

"君不见黄河之水天上来,奔流到海不复回。"

这是气势。

"大江东去,浪淘尽,千古风流人物。"

这是慷慨。

"十年生死两茫茫。不思量,自难忘。"

这是沉甸甸的忧伤。

人渐渐走入景中,将景淹去,留下一点气息。

"落花人独立,微雨燕双飞。"

有燕在双飞,人就立得更孤独了。

"采菊东篱下,悠然见南山。"

这需要心情。凡俗的我虽然没有那种超然,却有对超然的向往。有位老先生近来发现陶渊明是个斜眼,因他东篱采菊却见了南山。我想这也是游戏之论吧。不仅南山,北山西山也是见得的,连眼都不必斜,只消转转身体就行。我想我们是很容易被这样的诗句烦了的,因为我们既无菊可采,又无南山可见。所见之物多是人之眼,所以需要研究它究竟是斜还是不斜。

从诗词出发,回到生活中,人的感觉有了两个系统:艺术与非艺术。艺术是我们逃遁现实压力的港湾。美在心目中被放大,直到淹了一天一地。美在心目中被抽象,以至不需特定的对象。

美常常是无名的。走在九寨沟，看近处的水，远方的山，拍拍大树，数一数牦牛，在珍珠滩洗洗双足。我无力指出一种具体的美，即便指出也是虚妄的。那是天人合一、地人合一的感受。所有的细节都淡化了，心中起伏着一种莫名的愉悦。景物不再是对象；于是人也就不再君临一切。在这美好的时间和美好的地点，一切都是和谐的。不需要刻意修饰，努力操作，苦思冥想。许多人支起照相机，许多人架起画板。然而全都徒劳，因为取舍也是多余的。我想，我们热爱的还是这样一种深入其中的境遇，热爱它的全体，否则，旅游如何能成为人类如火如荼的节目呢？这样的美比起"绿肥红瘦"式的吟咏更有生命力。

能在生活中常常看见美是一大幸事，如能看到他人未能体察的美尤为幸福。幸好在景观之外还有人情、力量、崇高，人的情感由此丰富起来。

很多年以前，我常常站在阳台上看一个人走过弄堂。她走入我的视线直到消失，其间不过一分钟。那时我还小，不懂爱情或情欲，只觉得想看一看。假如世上有所谓"美的觉悟"的话，这就是了。这是最典型也是最普遍的觉悟，其间没有语言的参与，其间无须学习和训练，是情不自禁的真正的觉悟。

（选自《躺着读书》，江苏文艺出版社，1998年版）

【交流之窗】

　　世界很大,我想去看看。朋友,很多时候,当你面对生活的苟且,更想去远方寻找诗,寻找自由和美!人来到世界上,就是怀着一种思乡的冲动寻找家园。美,就是人类的精神家园!美,在何方?在鸡零狗碎之外,在生活功利之外,在身边生活之外,在有距离的远方?在幽静的山林,还是在喧嚣的都市?在现实生活中,还是在优美的诗词中,抑或就在你我的心里?生活中不是没有美,而是缺少发现美的眼睛,缺少一颗放下功利、体悟真纯的心!

海之美

古尔蒙　　郭宏安　译

勒米·德·古尔蒙（1858—1915），法国后期象征主义诗坛的领袖。

若问19世纪最独特的发现是什么，也许该回答：是海之美。

这绿和蓝的水，其波浪是微笑或愤怒，这金黄的沙的平原，这灰或黄的峭壁，这一切百年之前就存在，然而没有人看一眼。在一片令今日的感觉欣喜直至陶醉的景象面前，昨日的感觉是冰冷的，是令人厌烦的甚至是恐惧的。人们远非追寻海景，而是将其当作一种危险或丑陋避之唯恐不及。在法国的海岸上，所有旧日的村庄都距海甚远；在滨海城市里，所有旧日的房屋都背朝大海。甚至水手们和渔夫们一旦不需要大海，也远远地离开它。至于陆地上的人，他们是怀着恐惧接近大海的。直到1850年，圣·米歇尔山还被认为差不多只能用于关押因犯：人们只把恐其逃逸的人送去。

从什么时候开始，海景被人当作一种动人的、美丽的东西而喜爱、而感觉？这很难说得准确。对大海的兴趣高涨于第二帝国治下，因为有了铁路；不过，诗人们远在这个时期之前就已咏唱大海了。总之，是拜伦和夏多布里昂创造了欧洲的海滩并把人送去。在圣马洛，格朗贝岛的绝壁上有夏多布里昂的坟墓，象征着我们感觉的这种演变。他理应长眠于此，没有他，法兰西的海岸也许至今还只有渔夫和鸟雀光顾。

18世纪，大海还绝对地无人知其为愉悦的源泉；不过，人们已然到处旅行了。人们从巴黎出发所进行的旅行已远远超出了到迪埃普或勒哈佛尔的路程；在路易十六治下，人们甚至开始品味乡间和高山了；然而，人们还不知道大海。我不知道是这个时期的哪位作家迁怒于大海的起伏，他说，荒谬绝伦的海潮使船舶不能随意停靠，还给沿海岸造成了大片不出产的土地。人们至多容得地中海，因为它与其说是个海，不如说是个湖；人们喜欢它的平静，它呈现给无所担心的目光的那种始终千篇一律的景象。

路易十五时代的巴黎人是这样使用大海的：他们把被疯狗咬伤的人送到勒哈佛尔，从一座悬崖上投进大海。这是医治狂犬病的良方。德·塞维尼夫人说过，她的一位女友就这样被推入大海。无疑，一个健康的人若想自己进入这可怕的水中洗一个澡，就会被当作疯子，至少也是近乎傻。这个时期，人只有疯了，才会到海里去。在德·塞维尼夫人的思想里，海的概念是和一种最可怕的疾病联系在一起的。

谁是第一个敢于在海滨度夏、在靠近海浪的地方修建别墅的英国人或法国人？因为一切时髦的事情总有个开始，此种时髦亦然。是一位诗人还是一位学者，一位大贵人还是一位普通的食利者？他如果还够不上立像的话，至少也够得上在路角挂一块牌子。不管他操何种职业，他肯定有一颗独特的灵魂，一种大胆的精神。也许有一天，有人会写他的历史，也许诗人还会咏唱他，就像贺拉斯咏唱第一位航海者一样。

人们的确很难理解海之美何以如此长久地不为人知。然而反过来说，也许更难理解的是，我们的感觉何以变得如此之快，今日之人何以在往日他们觉得荒诞或讨厌的景物中发现了这么多的快乐。真得承认，人类的感觉是听命于时髦的。它是按照人给它的曲调颤动的。不过，一种曲调如果老了的话，它也并不完全地长眠不醒。感觉实现了一种不可能终结的征服，它并吞了一个新的领域，并将永远地占有其大部分领土。对海景的兴趣有可能不再大增，甚至还有可能略微下降，但绝不会消失。它已进入我们的血肉，像音乐或文学一样，成为我们的美感需求的一部分。无疑，它并非放之四海而皆准。许多人可以不去看海，然而一旦爱上它，将会终生不渝。它是一个永不让人生厌的情人，一旦听见了她的声音，他就身不由己地服从。

大海对过去世世代代的人来说，是冷漠的或者敌对的；在某些人今日对它的喜悦之情中，仍有一些过往的影响。一个失了根的人或者一个漂泊的人，一直生活在海边，他也许会比别人更容易受到海滩和波浪的吸引。也许，如果不曾失了根，他会无动于衷地看那一片他虔诚静观的风景。有些美的景色，当人是其创造者的时候，并不能很好地品味；必须走出来，站得远一些，才能真正地体会其魅力。

故大海使我们愉悦的原因不出下面两端：或者因为这在我们的感觉中是全新的、从未见过的；或者因为这是一种远古的东西，一种在我们内心深处重新发现的返祖性的古老回忆。

然而，当大海是不为人知的时候，当大海是孤独寂寞的时候，它仍然应该是美的！现在，它有太多的情人；它是个过于受崇拜的公主，宫里献媚的人太多了。只是很少几个男人，不多几个女人，才使风景生色。大自然跟一群群发呆的人合不来，他们到海边去就像到市场去一样。人是可以沉思默想的。应该沉思默想，就像一个信徒在教堂里，忘了左右而跟天主说话。

天主不是什么人都回答的；大海也是。

（选自《海之美》，广西师范大学出版社，2002年版）

【交流之窗】

看到"海之美"，你想到的可能是广阔无边、巨浪滔天，或是碧波万顷，静谧无涯。本文讲的却是人们认识"海之美"的过程及引发的人生思考。美是一种自然存在——空谷幽兰，不因无人欣赏而不芳；亘古碧海，不为人知，依然为美！美需要审美者的发现——发现"海之美"，需要"一颗独特的灵魂，一种大胆的精神""……一旦爱上它，将会终生不渝"。距离产生美——有些美的景色，人是其创造者的时候，不能很好地品味；必须走出来，站得远一些，才能真正地体会其魅力；大海使我们愉悦，"或者因为这在我们的感觉中是全新的、从未见过的；或者因为这是一种远古的东西，一种在我们内心深处重新发现的返祖性的古老回忆"。

草 原

老 舍

⊙老舍 韩得刚绘

老舍（1899—1966），本名舒庆春，字舍予，人民艺术家。

  这次，我看到了草原。那里的天比别处的天更可爱，空气是那么清鲜，天空是那么明朗，使我总想高歌一曲，表示我满心的愉快。在天底下，一碧千里，而并不茫茫。四面都有小丘，平地是绿的，小丘也是绿的。羊群一会儿上了小丘，一会儿又下来，走在哪里都像给无边的绿毯绣上了白色的大花。那些小丘的线条是那么柔美，就像只用绿色渲染，不用墨线勾勒的中国画那样，到处翠色欲流，轻轻流入云际。这种境界，既使人惊叹，又叫人舒服，既愿久立四望，又想坐下低吟一首奇丽的小诗。在这境界里，连骏马和大牛都有时候静立不动，好像回味着草原的无限乐趣。

  我们访问的是陈巴尔虎旗。汽车走了一百五十华里，才到达目的地。一百五十里全是草原。再走一百五十里，也还是草原。草原上行车十分洒脱，只要方向不错，怎么走都可以。初入草原，听不见一点儿声音，也看不见什么东西，除了一些忽飞忽落的小鸟。走了许久，远远地望见了一条迂回的明如玻璃的带子——河！牛羊多起来，也看到了马群,隐隐有鞭子的轻响。快了,快到了!忽然,像被一阵风吹来似的,远处的小丘上出现了一群马,马上的男女老少穿着各色的衣裳,骏马疾驰,襟飘带舞,像一条彩虹向我们飞过来。这是主人来到几十里外欢迎远客。见到我们,主人们立刻拨转马头,欢呼着,飞驰着,在汽车左右与前面引路。静寂的草原热闹起来:欢呼声,车声,马蹄声,响成一片。车跟着马飞过小丘,看见了几座蒙古包。

蒙古包外,许多匹马,许多辆车。人很多,都是从几十里外乘马或坐车来看我们的。主人们下了马,我们下了车。也不知道是谁的手,总是热乎乎地握着,握住不放。大家的语言不同,心可是一样。握手再握手,笑了再笑。你说你的,我说我的,总的意思是民族团结互助。

也不知怎的,就进了蒙古包。奶茶倒上了,奶豆腐摆上了,主客都盘腿坐下,谁都有礼貌,谁都又那么亲热,一点儿不拘束。不大会儿,好客的主人端进来大盘子的手抓羊肉和奶酒。干部们向我们敬酒,七十岁的老翁向我们敬酒。我们回敬,主人再举杯,我们再回敬。这时候,鄂温克姑娘们,戴着尖尖的帽子,既大方,又稍有点羞涩,来给客人们唱民歌。我们同行的歌手也赶紧唱起来。歌声似乎比什么语言都更响亮,都更感人,不管唱的是什么,听者总会露出会心的微笑。

饭后,小伙子们表演套马,摔跤,姑娘们表演了民族舞蹈。客人们也舞的舞,唱的唱,并且要骑一骑蒙古马。太阳已经偏西了,谁也不肯走。是呀!蒙汉情深何忍别,天涯碧草话斜阳!

(选自人教版《语文·五年级下册》)

【交流之窗】

老舍先生用质朴的语言向我们描绘了草原风光图、喜迎远客图、主客联欢图。通过这些画面,你能感受到草原的美吗?能具体说说感受到草原的哪些美吗?

丑 石

贾平凹

⊙ 贾平凹　韩得刚绘

贾平凹，生于1952年，当代著名作家。

　　我常常遗憾我家门前的那块丑石呢：它黑黝黝地卧在那里，牛似的模样；谁也不知道是什么时候留在这里的，谁也不去理会它。只是麦收时节，门前摊了麦子，奶奶总是要说：这块丑石，多碍地面哟，多时把它搬走吧。

　　于是，伯父家盖房，想以它垒山墙，但苦于它极不规则，没棱角儿，也没平面儿；用錾破开吧，又懒得花那么大气力，因为河滩并不甚远，随便去捎一块回来，哪一块也比它强。房盖起来，压铺台阶，伯父也没有看上它。有一年，来了一个石匠，为我家洗一台石磨，奶奶又说：用这块丑石吧，省得从远处搬动。石匠看了看，摇着头，嫌它石质太细，也不采用。

　　它不像汉白玉那样的细腻，可以凿下刻字雕花；也不像大青石那样的光滑，可以供来浣纱捶布。它静静地卧在那里，院边的槐荫没有庇覆它，花儿也不在它身边生长。荒草便繁衍出来，枝蔓上下，慢慢地，竟锈上了绿苔、黑斑。我们这些做孩子的，也讨厌起它来，曾合伙要搬走它，但力气又不足；虽时时咒骂它，嫌弃它，也无可奈何，只好任它留在那里去了。

稍稍能安慰我们的，是在那石上有一个不大不小的坑凹儿，雨天就盛满了水。常常雨过三天了，地上已经干燥，那石凹里水儿还有，鸡儿便去那里渴饮。每每到了十五的夜晚，我们盼着满月出来，就爬到其上，翘望天边；奶奶总是要骂的，害怕我们摔下来。果然那一次就摔了下来，磕破了我的膝盖呢。

人都骂它是丑石，它真是丑得不能再丑的丑石了。

终有一日，村子里来了一个天文学家。他在我家门前路过，突然发现了这块石头，眼光立即就拉直了。他再没有走去，就住了下来；以后又来了好些人，说这是一块陨石，从天上落下来已经有二三百年了，是一件了不起的东西。不久便来了车，小心翼翼地将它运走了。

这使我们都很惊奇！这又怪又丑的石头，原来是天上的呢！它补过天，在天上发过热，闪过光，我们的先祖或许仰望过它，它给了他们光明、向往、憧憬；而它落下来了，在污土里，荒草里，一躺就是几百年了？！

奶奶说："真看不出！它那么不一般，却怎么连墙也垒不成，台阶也垒不成呢？"

"它是太丑了。"天文学家说。

"真的，是太丑了。"

"可这正是它的美！"天文学家说，"它是以丑为美的。"

"以丑为美？"

"是的,丑到极处,便是美到极处。正因为它不是一般的顽石,当然不能去做墙,做台阶,不能去雕刻,捶布。它不是做这些玩意儿的,所以常常就遭到一般世俗的讥讽。"

奶奶脸红了,我也脸红了。

我感到自己的可耻,也感到了丑石的伟大,我甚至怨恨它这么多年竟会默默地忍受着这一切,而我又立即深深地感到它那种不屈于误解、寂寞的生存的伟大。

(选自《贾平凹作品集》,译林出版社,2012年版)

【交流之窗】

大千世界,真、善、美之间,事物的外在与内涵之间彼此错位,构成丰富的世间万象、独特的人生百态。阅读《丑石》,循意脉登堂入室,从"石"之外在"丑"象,深入"美"之内涵。丑石外形"丑"至极处,无观赏和使用价值;丑石内蕴"美"至极处,"补过天,在天上发过热……一躺就是几百年了""不屈于误解、寂寞的生存的伟大"。

联系现实,我们何尝不能从"丑石"身上找到自己的影子?我们也许因没有动人的外表、显赫的家庭而感到卑微,殊不知人真正的"美"来自内涵和人格!丑石之遇何尝不是人之历程?成大事者必经挫折,须认清自己,忍受寂寞,为目标努力,在沉默与等待中走向完美,最终脱颖而出,成就"伟大"与"美丽"!

美从何寻

宗白华

宗白华（1897—1986），中国现代新道家代表人物、哲学家、美学大师、诗人。

  啊，诗从何处寻？

  在细雨下，点碎落花声，

  在微风里，飘来流水音，

  在蓝空天末，摇摇欲坠的孤星！

（《流云小诗·诗》）

  尽日寻春不见春，

  芒鞋踏遍陇头云。

  归来笑拈梅花嗅，

  春在枝头已十分。

（宋·罗大经：《鹤林玉露》中载某尼悟道诗）

  诗和春都是美的化身，一是艺术的美，一是自然的美。我们都是从目观耳听的世界里寻得她的踪迹。某尼悟道诗大有禅意，好像是说"道不远人"，不应该"道在迩而求诸远"。好像是说："如果你在自己的心中找不到美,那么,你就没有地方可以发现美的踪迹。"

然而梅花仍是一个外界事物呀,大自然的一部分呀!你的心不是"在"自己的心的过程里,在感情、情绪、思维里找到美;而只是"通过"感觉、情绪、思维找到美,发现梅花里的美。美对于你的心,你的"美感"是客观的对象和存在。你如果要进一步认识她,你可以分析她的结构、形象、组成的各部分,得出"谐和"的规律、"节奏"的规律、表现的内容、丰富的启示,而不必顾到你自己的心的活动,你越能忘掉自我,忘掉你自己的情绪波动,思维起伏,你就越能够"漱涤万物,牢笼百态"(柳宗元语),你就会像一面镜子,像托尔斯泰那样,照见了一个世界,丰富了自己,也丰富了文化。人们会感谢你的。

那么,你在自己的心里就找不到美了吗?我说,如果我们的心灵起伏万变,经常碰到情感的波涛,思想的矛盾,当我们身在其中时,恐怕尝到的是苦闷,而未必是美。只有莎士比亚或巴尔扎克把它形象化了,表现在文艺里,或是你自己手之舞之,足之蹈之,把你的欢乐表现在舞蹈的形象里,或把你的忧郁歌咏在有节奏的诗歌里,甚至于在你的平日的行动里、语言里。一句话,就是你的心要具体地表现在形象里,那时旁人会看见你的心灵的美,你自己也才真正地切实地具体地发现你的心里的美。除此以外,恐怕不容易吧!你的心可以发现美的对象(人生的、社会的、自然的),这"美"对于你是客观的存在,不以你的意志为转移。(你的意志只能指使你的眼睛去看她,或不去看她,而不能改变她。你能训练你的眼睛深一层地去认识她,却不能动摇她。希腊伟大的艺术不因中古时代而减少它的光辉。)

宋朝某尼虽然似乎悟道,然而她的觉悟不够深,不够高,她不能发现整个宇宙已经盎然有春意,假使梅花枝上已经春满十分了。她在踏遍陇头云时是苦闷的、失望的。她把自己关在狭窄的心的圈子里了。只在自己的心里去找寻美的踪迹是不够的,是大有问题的。王羲之在《兰亭序》里说:"仰观宇宙之大,俯察品类之盛,所以游目骋怀,足以极视听之娱,信可乐也。"这是东晋大书法家在寻找美的踪迹。他的书法传达了自然的美和精神的美。不仅是大宇宙,小小的事物也不可忽视。诗人华滋华斯曾经说过:"一朵微小的花对于我可以唤起不能用眼泪表达出的那样深的思想。"

达到这样的、深入的美感,发现这样深度的美,是要在主观心理方面具有条件和准备的。我们的感情是要经过一番洗涤,克服了小己的私欲和利害计较。矿石商人仅只看到矿石的货币价值,而看不见矿石的美的特性。我们要把整个情绪和思想改造一下,移动了方向,才能面对美的形象,把美如实地和深入地反映到心里来,再把它放射出去,凭借物质创造形象给表达出来,才成为艺术。中国古代曾有人把这个过程唤做"移人之情"或"移我情"。琴曲《伯牙水仙操》的序上说:

"伯牙学琴于成连,三年而成。至于精神寂寞,情之专一,未能得也。成连曰:'吾之学不能移人之情,吾师有方子春在东海中。'乃赍粮从之,至蓬莱山,留伯牙曰:'吾将迎吾师!'划船而去,旬日不返。伯牙心悲,延颈四望,但闻海水汩波,山林窅冥,群鸟悲号。仰天叹曰:

'先生将移我情！'乃援操而作歌云：'繄洞庭兮流斯护，舟楫逝兮仙不还，移形素兮蓬莱山，欸钦伤宫仙不还。'"

伯牙由于在孤寂中受到大自然强烈的震撼，生活上的异常遭遇，整个心境受了洗涤和改造，才达到艺术的最深体会，把握到音乐的创造性的旋律，完成他的美的感受和创造。这个"移情说"比起德国美学家栗卜斯的"情感移入论"似乎还要深刻些，因为它说出现实生活中的体验和改造是"移情"的基础呀！并且"移易"和"移入"是不同的。

这里我所说的"移情"应当是我们审美的心理方面的积极因素和条件，而美学家所说的"心理距离""静观"，则构成审美的消极条件。女子郭六芳有一首诗《舟还长沙》说得好：

侬家家住两湖东，

十二珠帘夕照红。

今日忽从江上望，

始知家在画图中。

自己住在现实生活里，没有能够把握它的美的形象。等到自己对自己的日常生活有相当的距离，从远处来看，才发现家在画图中，溶在自然的一片美的形象里。

但是在这主观心理条件之外，也还需要客观的物的方面的条件。在这里是那夕照的红和十二珠帘的具有节奏与和谐的形象。宋人陈简斋的海棠诗云:"隔帘花叶有辉光。"帘子造成了距离,同时它的线文的节奏也更能把帘外的花叶纳进美的形象,增强了它的光辉闪烁,呈现出生命的华美,就像一段欢愉生活嵌在素朴而具有优美旋律的歌词里一样。

这节奏,这旋律,这和谐,等等,它们是离不开生命的表现,它们不是死的机械的空洞的形式,而是具有丰富内容,有表现、有深刻意义的具体形象。形象不是形式,而是形式和内容的统一,形式中每一个点、线、色、形、音、韵,都表现着内容的意义、情感、价值。所以诗人艾里略说:"一个造出新节奏的人,就是一个拓展了我们的感情并使它更为高明的人。"又说:"创造一种形式并不是仅仅发明一种格式、一种韵律或节奏,而且也是这种韵律或节奏的整个合式的内容的发觉。莎士比亚的十四行诗并不仅是如此这般的一种格式或图形,而是一种恰是如此思想感情的方式",而具有理想的形式的诗是"如此这般的诗,以致我们看不见所谓诗,而但注意着诗所指示的东西"(《诗的作用和批评的作用》)。这里就是"美",就是美感所受的具体对象。它是通过美感来摄取的美,而不是美感的主观的心理活动自身。——就像物质的内部结构和规律是抽象思维所摄取的,但自身却不是抽象思维而是具体事物。所以专在心内搜寻是达不到美的踪迹的。美的踪迹要到自然、人生、社会的具体形象里去找。

但是心的陶冶,心的修养和锻炼是替美的发现和体验作准备的。创造"美"也是如此。捷克诗人里尔克在他的《柏列格的随笔》里有一段话精深微妙，梁宗岱曾把它译出，现介绍如下：

"……一个人早年作的诗是这般乏意义，我们应该毕生期待和采集，如果可能，还要悠长的一生；然后，到晚年，或者可以写出十行好诗。因为诗并不像大家所想象，徒是情感（这是我们很早就有了的），而是经验。单要写一句诗，我们得要观察过许多城许多人许多物，得要认识走兽，得要感到鸟儿怎样飞翔和知道小花清晨舒展的姿势。得要能够回忆许多远路和僻境，意外的邂逅，眼光光望它接近的分离，神秘还未启明的童年，和容易生气的父母，当他给你一件礼物而你不明白的时候（因为那原是为别一人设的欢喜）和离奇变幻的小孩子的病，和在一间静穆而紧闭的房里度过的日子，海滨的清晨和海的自身，和那与星斗齐飞的高声呼号的夜间的旅行——而单是这些犹未足，还要享受过许多夜不同的狂欢，听过妇人产时的呻吟，和坠地便瞑目的婴儿轻微的哭声，还要曾经坐在临终人的床头和死者的身边，在那打开的、外边的声音一阵阵涌进来的房里。可是单有记忆犹未足，还要能够忘记它们，当它们太拥挤的时候，还要有很大的忍耐去期待它们回来。因为回忆本身还不是这个，必要等到它们变成我们的血液、眼色和姿势了，等到它们都有了名字而且不能别于我们自己了，那么，然后可以希望在极难得的顷刻，在它们当中伸出一句诗的头一个字来。"

这里是大诗人里尔克在许许多多的事物里、经验里，去踪迹诗，去发现美，多么艰辛的劳动呀！他说：诗不徒是感情，而是经验。现在我们也就转过方向，从客观条件来考察美的对象的构成。改造我们的感情，使它能够发现美。中国古人曾经把这唤做"移我情"，改变着客观世界的现象，使它能够成为美的对象，中国古人曾经把这唤做"移世界"。

"移我情""移世界"，是美的形象涌现出来的条件。

我们上面所引长沙女子郭六芳诗中说过，"今日忽从江上望，始知家在画图中"，这是心理距离构成审美的条件。但是"十二珠帘夕照红"，却构成这幅美的形象的客观的积极的因素。夕照、月明、灯光、帘幕、薄纱、轻雾，人人知道是助成美的出现的有力的因素，现代的照相术和舞台布景知道这个而尽量利用着。中国古人曾经唤做"移世界"。

明朝文人张大复在他的《梅花草堂笔谈》里记述着：

"邵茂齐有言，天上月色能移世界，果然！故夫山石泉涧，梵刹园亭，屋庐竹树，种种常见之物，月照之则深，蒙之则净，金碧之彩，披之则醇，惨悴之容，承之则奇，浅深浓淡之色，按之望之，则屡易而不可了。以至河山大地，邈若皇古，犬吠松涛，远于岩谷，草生木长，闲如坐卧，人在月下，亦尝忘我之为我也。今夜严叔向，置酒破山僧舍，起步庭中，幽华可爱，旦视之，酱盎纷然，瓦石布地而已，戏书此以信茂齐之语，时十月十六日，万历丙午三十四年也。"

月亮真是一个大艺术家，转瞬之间替我们移易了世界，美的形象，涌现在眼前。但是第二天早晨起来看，瓦石布地而已。于是有人得出结论说：美是不存在的。我却要更进一步推论说，瓦石也只是无色、无形的原子或电磁波，而这个也只是思想的假设，我们能抓住的只是一堆抽象数学方程式而已。究竟什么是真实的存在？所以我们要回转头来说，我们现实生活里直接经验到的、不以我们的意志为转移的、丰富多彩的、有声有色有形有相的世界就是真实存在的世界，这是我们生活和创造的园地。（所以，马克思很欣赏近代唯物论的第一个创始者培根的著作里所说的物质以其感觉的诗意的光辉向着整个的人微笑。见《神圣家族》），而不满意霍布士的唯物论里"感觉失去了它的光辉而变为几何学家的抽象感觉，唯物论变成了厌世论"。在这里，物的感性的质、光、色、声、热等不是物质所固有的了，光、色、声中的美更成了主观的东西。于是世界成了灰白色的骸骨，机械的死的过程。恩格斯也主张我们的思想要像一面镜子，如实地反映这多彩的世界。美是存在着的！世界是美的，生活是美的。它和真和善是人类社会努力的目标，是哲学探索和建立的对象。

美不但是不以我们的意志为转移的客观存在，反过来，它影响着我们，教育着我们，提高生活的境界和意趣。它的力量更大了，它也可以倾国倾城。希腊大诗人荷马的著名史诗《伊利亚特》歌咏希腊联军围攻特罗亚九年，为的是夺回美人海伦，而海伦的美叫他们感到九年的辛劳和牺牲不是白费的。现在引述这一段名句：

> 特罗亚长老们也一样的高踞城雉,
> 当他们看见了海伦在城垣上出现,
> 老人们便轻轻低语,彼此交谈机密:
> "怪不得特罗亚人和坚胫甲阿开人,
> 为了这个女人这么久忍受苦难呢,
> 她看来活像一个青春长驻的女神。
> 可是,尽管她多美,也让她乘船去吧,
> 别留这里给我们子子孙孙作祸根。"

(引自缪朗山译《伊利亚特》)

荷马不用浓丽的词藻来描绘海伦的容貌,而从她的巨大的残酷的影响和力量轻轻地点出她的倾国倾城的美。这是他的艺术高超处,也是后人所赞叹不已的。

我们寻到美了吗?我说,我们或许接触到美的力量,肯定了她的存在,而她的无限的丰富内含却是不断地待我们去发现。千百年来的诗人艺术家已经发现了不少,保藏在他们的作品里,千百年后的世界仍会有新的表现。每一个造出新节奏来的人,就是拓展了我们的感情并使它更为高明的人!

(选自《美从何处寻》,江苏教育出版社,2005年版)

【交流之窗】

美从何处寻？

从客观世界里寻。美对于你的心，是客观对象和存在。你"通过"感觉、情绪、思维，在大千世界里发现美、欣赏美。你越能忘掉自我，就越能够"漱涤万物，牢笼百态"。从自己的心里寻。"道不远人""你的心要具体地表现在形象里，那时旁人会看见你的心灵的美，你自己也才真正地切实地具体地发现你的心里的美"。放开眼光来寻。要能宏而放眼寰宇，微可静观毫末。做好主客观条件准备来寻。主观上"移我情"，改造我们的感情，使它能够发现美；客观上"移世界"，改变客观世界的现象，使它能够成为美的对象。来吧，朋友，美，等着你来发现！

第二编
慢慢走,欣赏啊

⊙ 秦秋寒印

你能觉察四季更替的细微变化吗？你能沉浸到肖邦夜曲中弥漫的惆怅、冥想、缱绻气氛中，体会其中包含的激动、叹息、兴奋、不安等丰富而微妙的情愫吗？你能感受到辛弃疾词中对国家兴亡、民族命运的关切忧虑及其壮志难酬的悲愤吗？你用心灵能触摸到敦煌富丽多彩的壁画和栩栩如生的塑像的立体生命吗？你被舞台上潇洒、舒展、轻盈、自如、满台生风的舞姿背后的神、情、韵、味感染到了吗？

山水的美，旋律的美，情怀的美，线条的美，韵律的美……凡此种种，大自然的美，文艺作品中的美，你感受到了吗？触动你的心灵了吗？你获得美的享受了吗？是不是觉得趣味无穷、诗意无尽呢？

其实，要想欣赏美，要想走进大自然的美的世界，要想走进文艺殿堂的美的世界，感受美的世界的魅力，很简单，那就是拥有一颗纯真的心。如果你关注内在美丽的精神世界多过外在奢华的物质世界，如果你能从勾心斗角的名利场中跳脱出来，对美好的事物充满热情，那么你将会发现，一个前所未有的美感世界慢慢在你眼前铺展开来，绚丽夺目，五彩缤纷，熠熠生辉。这个美感世界安详，给人抚慰，令人愉悦！

法国雕塑大师罗丹说："生活不是缺少美，而是缺少发现美的眼睛。"是啊，如果你够用心，够真诚，够纯粹，风霜雨雪、长河落日、小桥流水等构筑的美感世界，旋律、节奏、线条、文字、色彩等构筑的美感世界，会带给你和精打细算的柴米油盐酱醋茶的现实世俗世界很不一样的人生体验。

有时，欣赏美，走进美感世界也不是一件容易的事。它需要艺术的敏感，需要想象力。一棵树的存在，可以是一种记忆，可以是一段时光的痕迹；读李白的咏月诗，把酒问月，你可以想象诗人对生命苦短的沉思；欣赏朱自清的美文，可以从中嗅到"涓涓的东风只吹来一缕缕饿了似的花香""潮湿的草丛的气息"。

欣赏美，有时还需要好奇和探究艺术背后的故事，练就一种修养、一种品味去感知、去捕捉、去欣赏美。读了美丽、凄婉的梁祝化蝶的爱情故事，再去听《梁祝小提琴协奏曲》时更会潸然泪下；了解辛弃疾躬身沙场的经历，就不难欣赏到豪放辛词异于一般诗人词人的荡气回肠的磅礴之势了。

有了纯粹的心，有了欣赏的能力、欣赏的品味，你在漂泊异乡孤独无助时，就会有浪漫忧郁的诗人陪着你；工作、学习压力过大而焦虑不安时，舒缓轻柔的梦幻音乐可以抚慰你；遭遇困顿坎坷而萎靡不振时，舞蹈《千手观音》会使你振奋，仿佛为你打开人生的另一扇门；身边貌似平淡无奇的四季景致在你眼中也生动、鲜活起来了；平常的日子，也不那么平淡无趣了；内心深处的生命体验和感悟积淀，在美感世界中还可以获得知音般的喜悦，获得心弦共振的欣慰满足感……

欣赏美还需要哪些能力的训练呢？让我们一起慢慢欣赏第二编的美文，从中你会找到答案的。

我们对于一棵古松的三种态度
——实用的、科学的、美感的

朱光潜

⊙ 朱光潜　何作栋绘

第二编　慢慢走，欣赏啊

朱光潜（1897—1986），现当代著名美学家、文艺理论家、教育家、翻译家。

我刚才说，一切事物都有几种看法。你说一件事物是美的或是丑的，这也只是一种看法；换一个看法，你说它是真的或是假的；再换一种看法，你说它是善的或是恶的。同是一件事物，看法有多种，所看出来的现象也就有多种。

比如园里那一棵古松，无论是你是我或是任何人一看到它，都说它是古松。但是你从正面看，我从侧面看，你以幼年人的心境去看，我以中年人的心境去看，这些情境和性格的差异都能影响到所看到的古松的面目。古松虽只是一件事物，你所看到的和我所看到的古松却是两件事。假如你和我各把所得的古松的印象画成一幅画或是写成一首诗，我们俩艺术手腕尽管不分上下，你的诗和画与我的诗和画相比较，却有许多重要的异点。这是什么缘故呢？这就由于知觉不完全是客观的，各人所见到的物的形象都带有几分主观的色彩。

假如你是一位木商,我是一位植物学家,另外一位朋友是画家,三人同时来看这棵古松。我们三人可以说同时都"知觉"到这一棵树,可是三人所"知觉"到的却是三种不同的东西。你脱离不了你的木商的心习,你所知觉到的只是一棵做某事用值几多钱的木材。我也脱离不了我的植物学家的心习,我所知觉到的只是一棵叶为针状、果为球状、四季常青的显花植物。我们的朋友——画家——什么事都不管,只管审美,他所知觉到的只是一棵苍翠劲拔的古树。我们三人的反应态度也不一致。你心里盘算它是宜于架屋或是制器,思量怎样去买它,砍它,运它。我把它归到某类某科里去,注意它和其他松树的异点,思量它何以活得这样老。我们的朋友却不这样东想西想,他只在聚精会神地观赏它的苍翠的颜色,它的盘屈如龙蛇的线纹以及它的昂然高举、不受屈挠的气概。

从此可知这棵古松并不是一件固定的东西,它的形象随观者的性格和情趣而变化。各人所见到的古松的形象都是各人自己性格和情趣的返照。古松的形象一半是天生的,一半也是人为的。极平常的知觉都带有几分创造性,极客观的东西之中都有几分主观的成分。

美也是如此。有审美的眼睛才能见到美,这棵古松对于我们的画画的朋友是美的,因为他去看它时就抱了美感的态度。你和我如果也想见到它的美,你须得把你那种木商的实用的态度丢开,我须得把植物学家的科学的态度丢开,专持美感的态度去看它。

这三种态度有什么分别呢?先说实用的态度。做人的第一件大事就是维持生活,既要生活,就要讲究如何利用环境。"环境"包含我自己以外的一切人和物在内,这些人和物有些对于我的生活有益,有些对于我的生活有害,有些对于我不关痛痒。我对于他们于是有爱恶的情感,有趋就或逃避的意志和活动。这就是实用的态度。意义大半都起于实用。在许多人看,衣除了是穿的,饭除了是吃的,女人除了是生小孩的一类意义之外,便寻不出其他意义。

科学的态度则不然。它纯粹是客观的,理论的。所谓客观的态度就是把自己的成见和情感完全丢开,专以"无所为而为"的精神去探求真理。科学的态度之中很少有情感和意志,它的最重要的心理活动是抽象的思考。科学家要在这个混乱的世界中寻出事物的关系和条理,纳个物于概念,从原理演个例,分出某者为因,某者为果,某者为特征,某者为偶然性。植物学家看古松的态度便是如此。

木商由古松而想到架屋、制器、赚钱等,植物学家由古松而想到根茎花叶、日光水分等,他们的意识都不能停止在古松本身上面,不过把古松当做一块踏脚石,由它跳到和它有关系的种种事物上面去。注意力的集中,意象的孤立绝缘,便是美感的态度的最大特点。比如我们的画画的朋友看古松,他把全副精神都注在松的本身上面,古松对于他便成了一个独立自主的世界。他忘记他的妻子在家里等柴烧饭,他忘记松树在植物教科书里叫做显花植物。总而言之,古松完全占领住他的意识,古松以外的世界他都视而不见、听而不闻了。

人所以异于其他动物的就是于饮食男女之外还有更高尚的企求,

美就是其中之一。是壶就可以贮茶，何必又求它形式、花样、颜色都要好看呢？吃饱了饭就可以睡觉，何必又呕心血去作诗、画画、奏乐呢？

"生命"是与"活动"同义的，活动愈自由生命也就愈有意义。人的实用的活动全是有所为而为，是受环境需要限制的，人的美感的活动全是无所为而为，是环境不需要他活动而他自己愿意去活动的。在有所为而为的活动中，人是环境需要的奴隶，在无所为而为的活动中，人是自己心灵的主宰。这是单就人说，就物说呢，在实用的和科学的世界中，事物都借着和其他事物发生关系而得到意义，到了孤立绝缘时就都没有意义，但是在美感世界中它却能孤立绝缘，却能在本身现出价值。照这样看，我们可以说，美是事物的最有价值的一面，美感的经验是人生中最有价值的一面。

许多轰轰烈烈的英雄和美人都过去了，许多轰轰烈烈的成功和失败也都过去了，只有艺术作品真正是不朽的。数千年前的《采采卷耳》和《孔雀东南飞》的作者还能在我们心里点燃很强烈的火焰，虽然在当时他们不过是大皇帝脚下的不知名的小百姓。秦始皇并吞六国，统一车书，曹孟德带八十万人马下江东，舳舻千里，旌旗蔽空，这些惊心动魄的成败对于你有什么意义？对于我有什么意义？但是长城和《短歌行》对于我们还是很亲切的，还可以使我们心领神会这些骸骨不存的精神气魄。这几段墙在，这几句诗在，他们永远对于人是亲切的。由此类推，在几千年或是几万年以后看现在纷纷扰扰的"帝国主义""反帝国主义""主席""代表""电影明星"之类，对于人有什么意义?我们这个时代是否也有类似长城和《短歌行》的纪念坊留给后人,让他们觉得我们也还是亲切的么?悠悠地过去只是一片漆黑的天空,我们所以还能认识出来这漆黑的天空者,全赖思想家和艺术家所散布的几点星光。朋友,让我们珍重这几点星光!让我们也努力散布几点星光去照耀那和过去一般漆黑的未来!

(选自《谈美》,金城出版社,2006年版,有改动)

【交流之窗】

"横看成岭侧成峰,远近高低各不同",角度不同,看同一事物得出的结论也不一样。木商、植物学家和画家同时看一棵古松,分别持实用的、客观的和美感的态度,自然从中获得的意义也不一样。

人性本来是多方面的,人的需要也是多方面的。真、善、美三者都具备才可以算是完整的人。求知欲、科学的活动、有美感的活动,都属精神上的饥渴,是心灵的健康状态,若缺乏这些,则是病态或衰老之态。

根据马斯洛需求层次理论,人在满足了吃饱穿暖等生理需求后,就会有精神上、心灵上的需求了。社会发展到今天,对大多数人而言,温饱不是问题,那么,美,这个事物的最有价值的一面,人生中最有价值的美感经验的一面,是不是该成为我们的更高追求呢?

诗歌欣赏的准备

谢冕

谢冕，生于1932年，文艺评论家、诗人、作家。

记得青年时代，我有一次惬意的江南之游。一个夏日的清晨，我登上了镇江的金山寺。长江浩浩从眼底流逝，我心中激动，却苦于无以形容。这时，眼前赫然跃出一副对联——

江流天地外，山色有无中。

它带给我以极大的愉悦。它完成了眼前景与心中情的最忠实、精彩的表达。这是唐代诗人王维《汉江临眺》诗中的句子。它把临江远眺的景色构成了一幅雄浑而淡远的画图：因为站在高处，眼前一派江流无遮拦，江水仿佛泻到了天地之外的空阔无边的去处；而极目所见的山色，也因极远而极淡，淡到了若有若无的境界。这时节，我感到了诗歌神奇的魅力。它仅仅用了十个字，便把如此伟大的气势，如此复杂的情致，而又如此准确细致地凝聚在一起。后来，我又不止一次地临江远眺，王维的这两句诗总在我内心感奋之际，及时地出来伴我，助我领略那幽微曲折的诗的境界。我不知道，究竟是诗帮助我更好地欣赏了自然界，还是自然界帮助我更好地欣赏了诗！

也是那次远游，随后到了苏州。苏州的小巧玲珑的园林艺术，以建于城市而使人若置身山林为其特点。当我来到一座林园（忘了它的名字），那里树丛、流水，鸟鸣啁啾，蝉声盈耳。此时，我身憩一亭。亭上又有一联，也是前人的成句："蝉噪林愈静，鸟鸣山更幽。"我的欣喜简直无可言状。我感到，诗不仅能够把我们的生活感受表达得曲尽其妙，而且还能够帮助人们在精神上创造出一个更为理想的境界。这些闲话，只是为了告诉你，能够理解并欣赏优美的诗歌，无疑将丰富我们的生活，久之，它将使我们的趣味变得更加高雅，心灵变得更加美好。

并不是所有识字的人都能正确欣赏诗。即使是识字的人，想获得好的欣赏效果，也不能没有必要的训练和指导。我以为诗的欣赏的第一步是要读懂，要弄通字面上的意义。对于诗歌欣赏，语言上的阻碍不仅发生在古典诗歌方面，可以说，不论古今中外诗歌都存在这种语言的障碍。因为诗的语言在文学品种中有其特别之处。例如前面引到的王维的那两句诗，首先给人的印象是：当别的文学作品用很详细的文字表达对象时，诗却只能以极少的文字来完成这一任务。它的原则就是以极简括体现丰富，因而"寓万于一"就是它的规律。这就造成了诗的欣赏的第一座难关——语言。

中国诗歌经常用典，即是这一规律造成的后果之一。因为用一个典故，可以省去一大篇文字，是符合诗的精练原则的。陈毅《梅岭三章》中的"此头须向国门悬"，这一句就字面上是很浅显的，但其中就有典故。用的是春秋战国时代伍子胥因进谏吴王夫差而被杀，临死他矢志悬首国门以证明他所谏之不妄。懂得了这一点，才能领略到这句诗的更深沉的含意。又如唐代刘禹锡的诗《乌衣巷》："朱雀桥边野草花，乌衣巷口夕阳斜。旧时王谢堂前燕，飞入寻常百姓家。"读这首诗时，我们会感受到有节奏的语言造成的令人愉快的韵调，但这只是初步的。要达到正确的欣赏还需要克服某些困难。乌衣巷、朱雀桥都是南京秦淮河一带的地名，东晋豪门世族居住之地。王、谢指东晋宰相王导、谢安。了解了这些，再加上夕阳野草，燕子归来，人事已非的烘托，自然就能把握到诗中寄托的兴亡之叹。用典的例子，外国的诗中也有。美国诗人T.S.艾略特（1888—1965）的《荒原》，其中引用了大量的《圣经》以及但丁、莎士比亚著作中的典故，诗人本身为此加注，以帮助读者正确地欣赏它。

语言这一关卡的突破，只是给诗的欣赏创造了起码的条件。真正的欣赏入门，应当是对于诗篇的作者，以及它的创作的时代和社会背景的了解。记得前年，我曾向你推荐过下面这一首短诗：

> 走六小时寂寞的长途，
> 到你头边放一束红山茶，
> 我等待着，长夜漫漫，
> 你却卧听着海涛闲话。

这是戴望舒写于1944年底的《萧红墓畔口占》。萧红是一位著名的女作家，1942年病逝并葬于香港。抗战中，戴望舒在香港参与了进步的文化活动。1942年被日军所捕，曾作有著名的《狱中题壁》等诗。此时戴望舒身心交瘁，极思奋起，但又无以排解。谒萧红墓，墓畔口占四句，是他此时心中积郁的宣泄。尽管是"长夜漫漫"，但他还是坚定地"等待着"。但他写"你却卧听着海涛闲话"，却表现了这位曾经以《雨巷》一诗闻名于世的诗人，其心灵深处仍然不曾消失的寂寞感。他甚至羡慕萧红终于获得了解脱，羡慕她终于能够有此闲适："卧听海涛闲话。"要是我们进而了解了写作此诗的1944年的时代背景，了解了当时的祖国内地和香港一隅的形势，我们就会从这短短的四行诗中获得丰硕的欣赏效果：战乱中的淳厚的友谊，隐藏在字里行间的对于现实的抗议，以及坚韧的等待，《雨巷》作者的全部进取的和不无局限的消隐的思想。要是我们欣赏时，不对诗的产生以及诗的作者的际遇做必要的了解，则我们有可能把这首很有价值的诗，视同一般的怀人伤逝之作。

　　对于任何一首诗的欣赏的第一步，总要对它的作者和它所诞生的时代有一个初步的了解，没有这一点，我们的欣赏就是盲目的，甚至是歪曲的。例如李煜的那首脍炙人口的《虞美人》："春花秋月何时了，往事知多少！小楼昨夜又东风，故国不堪回首月明中。雕栏玉砌应犹在，只是朱颜改。问君能有几多愁，恰似一江春水向东流。"据说这是李煜囚中所写的一首词。他当时的遭遇很悲惨，居处有"老卒守门""不得与外人接""从中日夕以泪洗面"！要是不了解它的作者的身世和经历，即要是不了解这是南唐的亡国之君——李后主囚禁中追怀往事之作，就容易把这首词寄寓着的亡国的伤痛，以及留恋富贵繁华生活的极复杂的情绪，看成是一般的感旧伤逝。

新诗也是如此。早期新诗人中，郭沫若是一个毫不墨守成规而极富于创造力的诗人，他的《女神》是当时的"古怪诗"（借用目下新诗争论中的"新名词"）的集大成。其中有首十分"古怪"的《天狗》，也许你已读过："我是一条天狗呀！我把月来吞了，我把日来吞了，我把一切的星球来吞了，我把全宇宙来吞了。我便是我了。"要是了解了写诗的郭沫若，以及写这首诗的时代背景，则眼前所展现的荒诞与狂暴便是可以理解的。这是个性解放的时代的产物，它传达了中国人民要求否定黑暗现实的意愿，以及对人的力量的觉醒。这样一来，这首"古怪诗"则是完全不古怪的。

假如我是一只鸟，

我也应该用嘶哑的喉咙歌唱：

这被暴风雨所打击着的土地，

这永远汹涌着我们的悲愤的河流，

这无止息地吹刮着的激怒的风，

和那来自林间的无比温柔的黎明……

——然后我死了，

连羽毛也腐烂在土地里面。

为什么我的眼里常含泪水?

因为我对这土地爱得深沉……

这是艾青的《我爱这土地》。要正确地欣赏这首诗,最主要的办法,是让我们"回到"诗人写诗的环境中去。写这首诗的1938年,中国的土地正在一块一块地被宰割,抗日烽火已经燃起,艾青在写《我爱这土地》之前,还写过《大堰河——我的保姆》《雪落在中国的土地上》等诗篇。这是一个为旧中国的土地和人民的命运而悲哀的诗人。他此时的诗中弥漫着哀愁的情绪,但又不无激愤,他的主调是悲壮的。他没有失去对于"温柔的黎明"的信念,当国土正在沦丧的时候,他为"这被暴风雨所打击着的土地"歌唱,并宣誓即使死去也要把羽毛奉献给它。要是不了解这首诗创作的时代气氛,我们便不容易把握到流淌诗中的爱国主义的激情,甚至我们会对它的悲凉产生不理解的情绪。这样,当然无助于正确地欣赏。对于所有时代的诗歌,我们都能欣赏,我们的秘诀只有一个,到那个时代的氛围中去感受。

(选自《论诗》,青海人民出版社,1986年版)

【交流之窗】

孟子主张"知人论世",意即要正确理解前人的诗和书,就应当了解一个人并研究他所处的社会时代。这一主张后来也成为传统文学批评的重要方法。作者谈诗歌欣赏准备的时候，除了"知人论世"，还需有哪些准备呢？试着按文中所给的方法，欣赏一首诗。欣赏能力是需要训练的，有了一定训练量的积累，诗歌欣赏水平的提高就是水到渠成的事了。

第三编
红牙板，铜琵琶

⊙ 陈连强绘

东坡问幕士："我词何如柳七？"对曰："柳郎中词，只合十七八女郎，执红牙板，歌'杨柳岸，晓风残月'；学士词，须关西大汉，铜琵琶，铁绰板，唱'大江东去'。"东坡绝倒！柳永词娇婉细腻，苏轼词豪情万丈，呈现出阴柔与阳刚两种不同形式的美。

何为阴柔美与阳刚美？清人姚鼐这样描述：其得于阳与刚之美者，则其文如霆，如电，如长风之出谷，如崇山峻崖，如决大川，如奔骐骥……其得于阴与柔之美者，则其文如升初日，如清风，如云，如霞，如烟，如幽林曲涧，如沦，如漾，如珠玉之辉，如鸿鹄之鸣而入寥廓。

的确，世间有光芒万丈的太阳，也有清凉温柔的月亮；有猛烈激荡的"大风起兮云飞扬"，也有柔和温情的"吹面不寒杨柳风"；有"蜀道之难，难于上青天"，也有"泥融飞燕子，沙暖睡鸳鸯"；有"大江东去"，也有"梧桐细雨"；有静谧朦胧的"疏影横斜水清浅，暗香浮动月黄昏"，也有浩荡壮阔的"楼船夜雪瓜洲渡，铁马秋风大散关"；有"醉里挑灯看剑"，也有"静夜卧听周庄"；有金庸小说的刀光剑影、侠肝义胆，也有琼瑶作品的缠绵悱恻、柔情似水；有毛泽东的"北国风光，千里冰封，万里雪飘"，也有李煜的"故国不堪回首月明中"；有迈克尔·杰克逊神秘高亢、狂热奔放的舞曲，也有班得瑞清爽轻柔、自然脱俗的轻音乐。而阴柔美与阳刚美之间往往是互相渗透融合，浑然一体的，无论是在自然界还是人性的国度里，正如"我心里有猛虎在细嗅蔷薇"。

美的风格多种多样，无论是宣泄力量的奔腾，追求无限的含蓄，充满暖意的温馨，洁净心灵的清新，还是单纯朴素的自然，坦荡襟怀的潇洒，彻悟悠然的豁达，自在轻松的空灵，都让人留恋迷醉！

美还有抽象美与具象美、悲剧美与喜剧美、审丑美与荒诞美等的分别，但无论是面对哪种形式、风格的美，最重要的是，我们要有一双敏感的眼睛，有一颗热爱生活、勇于发现美的心！那样，无论是晴朗的星空，还是阴雨的丛林，无论你是人生的巅峰，还是生命的低谷，你都能够从中发现不同的美！

绝版的周庄

王剑冰

王剑冰，生于1956年，当代作家。

你可以说不算太美，你是以自然朴实动人的。粗布的灰色上衣，白色的裙裾，缀以些许红色白色的小花及绿色的柳枝。清凌的流水柔成你的肌肤，双桥的钥匙恰到好处地挂在腰间，最紧要的还在于眼睛的窗子，仲春时节半开半闭，掩不住招人的妩媚。仍是明代的晨阳吧，斜斜地照在你的肩头，将你半晦半明地写意出来。

我真的不知道，你在那里等我，等我好久好久。我今天才来，我来晚了，以致使你这样沧桑。而你依然很美，周身透着迷人的韵致。真的，你还是那样纯秀、古典。只是不再含羞，大方地看着每一位来人。周庄，我呼唤着你的名字，呼唤好久了，却不知你在这里。周庄，我叫着你的名字，你比我想象的还要动人。我真想揽你入怀。只是扑向你的人太多太多，你有些猝不及防，你本来已习惯的清静与孤寂被打破了。我看得出来，你已经有些厌倦与无奈。周庄，我来晚了。

有人说，周庄是以苏州的毁灭为代价的。眼前即刻闪现出古苏州的模样。是的，苏州脱掉了罗衫长褂，苏州现代得多了。尽管手里还拿着丝绣的团扇,已远不是躲在深闺的旧模样。这样,周庄这位江南的古典秀女便名播四海了。然而,霓虹闪烁的舞厅和酒楼正在周庄四周崛起,周庄的操守能持久吗?

参加"富贵茶庄"奠基仪式。颇负盛名的富贵企业和颇负盛名的周庄联姻。而周庄的代表人物沈万三也名富,真是巧合。代表富贵茶庄讲话的,是一位长发飘逸的女郎。富贵、茶、周庄、女子,几个字词在春雨中格外亮丽。回头望去,白蚬湖正闪着粼粼波光。

想起了台湾作家三毛,三毛爱浪游,三毛的足迹遍布全世界,三毛的长发沾的什么风都有。三毛一来到周庄就哭了,三毛搂着周庄像搂着久别的祖母。三毛心里其实很孤独。三毛没日没夜地跟周庄唠叨,吃着周庄做的小吃。三毛说,我还会来的,我一定会来的。三毛是哭着离去的,三毛离去时最后亲了亲黄黄的油菜花,那是周庄递给她的黄手帕。周庄的遗憾在于没让三毛久久留下,三毛一离开周庄便陷入了更大的孤独,终于把自己交给了一双袜子。三毛临死时还念叨了一声周庄,周庄知道,周庄总这么说。

入夜,乘一只小船,让桨轻轻划拨。时间刚过九点,周庄就早早睡了,是从没有电的明清时代养成的习惯?没有喧闹的声音,没有电视的声音,没有狗吠的声音。

周庄睡在水上。水便是周庄的床。床很柔软,有时轻微地晃荡两下,那是周庄变换了一下姿势。周庄睡得很沉实。一只只船儿,是周庄摆放的鞋子。鞋子多半旧了,沾满了岁月的征尘。我为周庄守夜,守夜的还有桥头一株灿然的樱花。这花原本不是周庄的,如同我。我知道,打着鼾息的周庄,民族味儿很浓。

忽就闻到了一股股沁心润肺的芳香,幽幽长长的,经过斜风细雨的过滤,纯净而湿润。这是油菜花。早上来时,一片一片的黄花浓浓地包裹了古老的周庄。远远望去,色彩的反差那般强烈。现在这种香气正氤氲着周庄的梦境,那梦必也是有颜色的。

坐在桥上,我就这么定定地看着周庄,从一块石板、一株小树、一只灯笼,到一幢老屋、一道流水。这么看着的时候,就慢慢沉入进去,感到时间的走动。感到水巷深处,哪家屋门开启,走出一位苍髯老者或纤秀女子,那是沈万三还是迷楼的阿金姑娘?周庄的夜,太容易让人生出幻觉。

(选自《绝版的周庄》,江苏教育出版社,2008年版)

【交流之窗】

双桥轻水软絮语,千年造化绝周庄。周庄之美,在于小桥流水的江南风韵,在于千年如一的古朴风貌,在于素净雅致的画境诗意。草长莺飞的三月,觅一个迷人的春晓,穿过都市的霓虹,走进烟水迷蒙的周庄,欣赏她独特的春光水韵,领略她神秘的文化风流,赏鉴这绝版的江南水乡周庄!周庄,芸芸众生一个美丽的梦!"静女其姝,俟我于江南",这个秀美的女子,静静在江南等我，千年万年。我来了，浪游世界的三毛来了，旅美画家陈逸飞来了，"富贵茶庄"的代表来了，现代的喧嚣来了……周庄之谓"绝版"，正是一种人类精神怀乡的寄托，一种华夏文化寻根的最后的绝唱！

猛虎和蔷薇

余光中

⊙余光中 莫丹绘

余光中（1928—2017），当代诗人、散文家、批评家、翻译家。

英国当代诗人西格夫里·萨松（Siegfried Sassoon）曾写过一行不朽的警句："In me the tiger sniffs the rose."勉强把它译成中文，便是："我心里有猛虎在细嗅蔷薇。"

如果一行诗句可以代表一种诗派（有一本英国文学史曾举柯立治"忽必烈汗"中的三行诗句："好一处蛮荒的所在！如此的圣洁、鬼怪，像在那残月之下，有一个女人在哭她幽冥的欢爱！"为浪漫诗派的代表），我就愿举这行诗为象征诗派艺术的代表。每次念及，我不禁想起法国现代画家昂利·卢梭（Henri Rousseau）的杰作"沉睡的吉普赛人"。假使卢梭当日所画的不是雄狮逼视着梦中的浪子，而是猛虎在细嗅含苞的蔷薇，我相信，这幅画同样会成为杰作。借乎卢梭逝世，而萨松尚未成名。

我说这行诗是象征诗派的代表，因为它具体而又微妙地表现出许多哲学家所无法说清的话；它表现出人性里两种相对的本质，但同时更表现出那两种相对的本质的调和。假使他把原诗写成了"我心里有猛虎雄踞在花旁",那就会显得呆笨、死板,徒然加强了人性的内在矛盾。只有原诗才算恰到好处,因为猛虎象征人性的一方面,蔷薇象征人性的另一面,而"细嗅"刚刚象征着两者的关系,两者的调和与统一。

原来人性含有两面:其一是男性的,其一是女性的;其一如苍鹰,如飞瀑,如怒马;其一如夜莺,如静池,如驯羊。所谓雄伟和秀美,所谓外向和内向,所谓戏剧型的和图画型的,所谓戴奥尼苏斯艺术和阿波罗艺术,所谓"金刚怒目,菩萨低眉",所谓"静如处女,动如脱兔",所谓"骏马秋风冀北,杏花春雨江南",所谓"杨柳岸,晓风残月"和"大江东去",一句话,《姚姬传》所谓的阳刚和阴柔,都无非是这两种气质的注脚。两者粗看若相反,实则乃相成。实际上每个人多多少少都兼有这两种气质,只是比例不同而已。

东坡有幕士,尝谓柳永词只合十七八女郎,执红牙板,歌"杨柳岸,晓风残月";东坡词须关西大汉,铜琵琶,铁绰板,唱"大江东去"。东坡为之"绝倒"。他显然因此种阳刚和阴柔之分而感到自豪。其实东坡之词何尝都是"大江东去"?"笑渐不闻声渐悄,多情却被无情恼";"绣帘开,一点明月窥人";这些词句,恐怕也只合十七八女郎曼声低唱吧?而柳永的词句:"长安古道马迟迟,高柳乱蝉嘶",以及"渡万壑千岩,越溪深处。怒涛渐息,樵风乍起;更闻商旅相呼,片帆高举",又是何等境界!就是晓风残月的上半阕那一句"暮霭沉沉楚天阔",谁能说它竟是阴柔?他如王维以清淡胜,却写过"一身转战三千里,一剑曾当百万师"的诗句;辛弃疾以沉雄胜,却写过"罗帐灯昏，哽咽梦中语"的词句。再如浪漫诗人济慈和雪莱，无疑地都是阴柔的了。可是清啭的夜莺也曾唱过："或是像精壮的科德慈，怒着鹰眼，凝视在太平洋上。"就是在那阴柔到了极点的"夜莺曲"里，也还有这样的句子。"同样的歌声时常——迷住了神怪的长窗——那荒僻妖土的长窗——俯临在惊险的海上。"至于那只云雀，他那"西风歌"里所蕴藏的力量，简直是排山倒海，雷霆万钧！还有那一首十四行诗"阿西曼地亚斯"（Ozymandias）除了表现艺术不朽的思想不说，只其气象之伟大，魄力之雄浑，已可匹敌太白的"西风残照，汉家陵阙"。

也就是因为人性里面，多多少少地含有这相对的两种气质，许多人才能够欣赏和自己气质不尽相同，甚至大不相同的人。例如在英国，华兹华斯欣赏弥尔顿；拜伦欣赏蒲柏；夏绿蒂·白朗戴欣赏萨克雷；司各特欣赏简·奥斯丁；史云朋欣赏兰道；兰道欣赏白朗宁。在我国，辛弃疾欣赏李清照也是一个最好的例子。

但是平时为什么我们提起一个人，就觉得他是阳刚，而提起另一个人，又觉得他是阴柔呢？这是因为各人心里的猛虎和蔷薇所成的形势不同。有人的心原是虎穴，穴口的几朵蔷薇免不了猛虎的践踏；有人的心原是花园，园中的猛虎不免给那一片香潮醉倒。所以前者气质近于阳刚，而后者气质近于阴柔。然而踏碎了的蔷薇犹能盛开，醉倒了的猛虎有时醒来。所以霸王有时悲歌，弱女有时杀贼；梅村，子山晚作悲凉，萨松在第一次大战后出版了低调的"心旅"（The Heart's Journey）。

"我心里有猛虎在细嗅蔷薇。"人生原是战场,有猛虎才能在逆流里立定脚跟,在逆风里把握方向,做暴风雨中的海燕,做不改颜色的孤星。有猛虎,才能创造慷慨悲歌的英雄事业;涵蔓耿介拔俗的志士胸怀,才能做到孟郊所谓的"镜破不改光,兰死不改香"!

同时人生又是幽谷,有蔷薇才能烛隐显幽,体贴入微;有蔷薇才能看到苍蝇搓脚、蜘蛛吐丝,才能听到暮色潜动,春草萌芽,才能做到一沙一世界,一花一天国。

在人性的国度里,一只真正的猛虎应该能充分地欣赏蔷薇,而一朵真正的蔷薇也应该能充分地尊敬猛虎;微蔷薇,猛虎变成了菲力斯旦(Philistine);微猛虎,蔷薇变成了懦夫。韩黎诗:"受尽了命运那巨棒的痛打,我的头在流血,但不曾垂下!"华兹华斯诗:"最微小的花朵对于我,能激起非泪水所能表现的深思。"

完整的人生应该兼有这两种至高的境界。一个人到了这种境界,他能动也能静,能屈也能伸,能微笑也能痛哭,能像二十世纪人一样的复杂,也能像亚当夏娃一样的纯真,一句话,他心里已有猛虎在细嗅蔷薇。

1952年10月24日

(选自《新一代》杂志,2011年第5期)

【交流之窗】

《易传》曰：太极生两仪。"两仪"指宇宙万物的阴阳两极。万物有阴阳向背，具有阳刚、阴柔之美。天为阳刚，地为阴柔。阳刚为雄浑、豪放、壮丽、奔放；阴柔为淡雅、柔和、飘逸、含蓄。阴阳为天地万物之本。阳刚与阴柔是对立的统一。阴阳调和，万物共生，最为和谐。大山巍峨，山间自有溪水轻流；日光明媚，风雨来时更有情调；花木兰沙场驰骋杀敌，归家又显女儿本色。正如"猛虎在细嗅蔷薇"，阴阳调和，风景最美！

具象美

丰子恺

丰子恺（1898—1975），浙江桐乡人。画家、文学家、美术与音乐教育家。

听人说话，听到具象的、琐屑的、浅显的语句，往往觉得比抽象的、正大的、深刻的语句来得动听。先举一个最显著的例，譬如说"生活问题"不如说"衣食问题"来得动听；说"衣食问题"又不如说"饭碗问题"或"面包问题"来得动听。因为"生活"二字固然包括得很周全，但是太抽象，太正大，太深刻了，故听者由此所得的理解欠深，印象欠强，兴味欠浓。倘换了"衣食"二字，因为较具体，较琐屑，较浅显，可以把握，听了就觉得容易理解，印象强明，而且富有兴味。有时说话的人还嫌"衣食"二字所指太广泛，就更进一步而用"饭碗"或"面包"二字。这是人人最常见最稔熟的一件实物，听到了谁不立刻获得切身的兴味、强明的印象与充分的理解呢？故"失业"常被翻译作"敲破饭碗"，"失地"也被翻译作"地图改色"，使听者触目惊心。

我现在就称这种说话的技术为"具象美"。这也是人类言语进步后的修辞法之一种，与以前我所谈的"比喻"同类，但自有差别：比喻也是取具象的东西来帮助说理的；但所取的具象物，其本身与说理并无关系,只是性状相同而已。譬如说"杀鸡焉用牛刀",此事与孔子的治道毫无关系,只是"大材小用"这一点性状相同,故引用为譬喻,使说理具象化,又趣味化,而易于动听耳。现在所谈的"具象美"则不然:其所取具象,必与说理有密切关系,能使听者于小中见大,个中见全。譬如"饭碗"或"面包",与"生活"有密切关系,而且是"生活"的最重要部分,或核心。故言者只须举此一隅,听者便可反三,反十,反百,反千,盖所谓"饭碗"者,其实连老酒、香烟、自来火等一切食用皆包括在内。我觉得这种语言的技术,最有意味,尤其是听讲演,读论文的时候,滔滔洋洋的一篇抽象的大道理,往往容易使人头痛或瞌睡。反之,倘善用及这种具象美,听者就不会感到疲倦;善用之极,寥寥数语可抵洋洋数万言之力。淳于髡、东方朔等讽谏者的说话,诗人的说话,可说是其实例。

这种具象美的实例,在我们的诗文中,皆不胜枚举。为便于吟味,就我所想起的摘录几个在下面,只不过略举一隅而已。

投笔,请缨,解甲,下车,下野,即位,弹冠,束发,洗耳,拭目,赋闲,披剃,糊口,扫榻,执牛耳,夺锦标,执教鞭,步后尘,高枕而卧,逍遥林下,拜倒裙下,争奉筇屐……

照字面上看,这些话大都讲不通。文人的笑声难道昼夜在手?武人的甲难道昼夜不解?弃官的常住租界,何尝下野?哪一个首领的手里执着一只牛耳朵呢?然而这便是具象美的兴味所在。其中也有靠古典的帮助的,或近于比喻的。但总以小中见大、个中见全为原则,俗语中也颇富于关于此的好例。善于说话的人的口中,常常在那里吐露出来，他们不说"某家没饭吃了"，偏说"某家的锅子底向天了"。不说"某人可以留名后世"，偏说"某人得吃冷羹饭了"。厨川白村说妇女问题是"胃袋与子宫的问题"。吴稚晖说恋爱是"精虫作怪"。语虽苛刻，然而动听。可谓尽言语的具象化的能事，可惜我的见闻太狭，记忆太坏，一时想不起更多的实例来。

在古人的诗文方面，我的记忆没有这般坏，现在就可想起不少的例子来。也摘录些在下面，以供吟味：

太平待诏归来日，朕与先生解战袍。

十四万人齐解甲，更无一个是男儿。

强欲从君无那老，将因卧病解朝衣。

严陵台下桐江水，解钓鲈鱼有几人？

年年战骨埋荒外，空见蒲桃入汉家。

天命苟如此，且进杯中物。

安得万里裘，盖裹周四垠。

君王忍把平陈业，只博雷塘数亩田？

旧时王谢堂前燕，飞入寻常百姓家。

人生在世不称意，明朝散发弄扁舟。

座中泣下谁最多？江州司马青衫湿。

何当共剪西窗烛，却话巴山夜雨时。

夜雨剪春韭，新炊间黄粱。

客从东方来，衣上灞陵雨。

城市不堪飞锡到，恐惊莺语画楼前。

箧有吴笺三百个，拟将细字说春愁。

若教解爱繁华事，冻杀黄金屋里人。

遥窥正殿帘开处，袍袴宫人扫御床。

苦恨年年压金线，为他人作嫁衣裳。

平阳歌舞新承宠，帘外春寒赐锦袍。

东风不与周郎便，铜雀春深锁二乔。

君自故乡来，应知故乡事。来日绮窗前，寒梅着花未？

妾有罗衣裳，秦王在时作。为舞春风多，秋来不堪着。

打起黄莺儿，莫教枝上啼。啼时惊妾梦，不得到辽西。

所谓"朕与先生解战袍"，岂真仅解战袍而已？乃举此具体琐屑浅显的一事来暗示升官发财等重赏。又岂真要皇帝亲与解战袍哉？说肯与解战袍，则有重赏可知，不必真解战袍也。但抽象地说有重赏乏味；具象地说解战袍，便有诗趣。同理，"齐解甲"就是齐受降，"解朝衣"就是辞官职，"解钓鲈鱼"就是肯隐居的具象的写法。诗人最懂得小中见大、个中见全的秘诀，最善于运用一件具象的小事来暗示抽象的大事。言"安得万里裘"，其救世之愿可知。言"堂前燕""飞入寻常百姓家"，其堂其人之废逝可知。言"青衫湿"，其悲哀可知。言"扫御床""赐锦袍"，其恩宠可知。言"锁二乔"，其胜利可知。同时这些小事件因为都是具象的、琐屑的、浅显的，故能给读者一个确实、强明、生动、活跃的印象。读了"共剪西窗烛""夜雨剪春韭"，便可想见故人久别重逢，烛下把酒谈心的种种情味，如同身历其境一样。尤其是最后的三首五绝，整个儿是具象美。第一首但言"寒梅"，第二首但言"罗衣裳"，第三首但言要"打黄莺"。而思故乡、伤迟暮、怀远人之情，强明地站出在这等小事件的背后，深切地印象于读者的心目中。

照艺术的领域说，音乐主听觉美即声音美，绘画主视觉美即形式美，文学主思想美即言语美。则现在所谓"具象美"，照理是绘画的领域中所有的事。绘画除了立体派、构成派等以外，常含有多量的思想美、意义美，而文学中亦如上述地盛用具象美。这可以看作文学与绘画的交流，文学与绘画的握手。我曾作一册《绘画与文学》（开明版）说文学与绘画的种种交涉，已是两三年前往事了。现在又发现了上述的一种交涉，觉得往日的兴味重新浓重起来。

（选自《向善的艺术》，上海人民美术出版社，2013年版）

【交流之窗】

具象美是中国艺术的重要特点。中国汉字是表意文字，以象形为基础，许多汉字本身就是一幅幅优美的图画。中国文学尤其是古典诗词，更是将具象之美发挥到至高境界。诗歌讲究意象和意境，追求"诗中有画"的境界。以象形为基础的汉字、以意象为要素的诗歌，能够唤醒读者丰富的心灵，帮助读者构建一个充满想象力的艺术境界。

关于抽象美

吴冠中

⊙ 吴冠中　莫丹绘

吴冠中（1919—2010），当代著名画家、美术教育家。

对于美术中的抽象美问题，我想谈一点自己的理解。

有人认为首都机场壁画中的《科学的春天》是抽象的。其实，它只能说是象征的，它用具体形象象征一个概念，犹如用太阳象征权力，用橄榄枝象征和平一样，这些都不能称抽象。抽象，那是无形象的，虽有形、光、色、线等形式组合，却不表现某一具体的客观实物形象。

无论东方和西方，无论在什么社会制度中，总有许多艺术工作者忠诚地表现了自己的真情实感，这永远是推进人类文化发展的主流。印象派画家们发现了色彩的新天地，野兽派强调了艺术创作中的个性解放，立体派开拓了造型艺术中形式结构的宽广领域……这些探索大大发展了造型艺术的天地。数学本来只是由于生活的需要而诞生的吧，因为人们要分配产品，要记账，听说源于实用的数学早已进入纯理论的研究了。疾病本来是附着在人身上的，实验室里研究细菌和病毒，这是为了彻底解决病源问题。美术，本来是起源于模仿客观对象吧，但除描写得像不像的问题之外，更重要的还有个美不美的问题。"像"了不一定美,并且对象本身就存在美与不美的差距。都是老松,不一定都美;同是花朵,也妍媸有别。这是什么原因?如用形式法则来分析、化验,就可找到其间有美与丑的"细菌"或"病毒"在起作用。要在客观物象中分析构成其美的因素,将这些形、色、虚实、节奏等因素抽出来进行科学的分析和研究,这就是抽象美的探索。这是与数学、细菌学及其他各种科学的研究同样需要不可缺少的老老实实的科学态度的。

"红间绿,花簇簇""万绿丛中一点红",古人在绿叶红花或其他无数物象中发现了红与绿的色彩的抽象关系,寻找构成色彩美的规律。江南乡镇,人家密集,那白墙黑瓦参差错落的居民建筑往往比高楼大厦更吸引画家。为什么?我们曾斥责画家们不画新楼画旧房,简单地批评他们是资产阶级思想。其实这是有点冤枉的。我遇到过许多热爱祖国、热爱人民的老、中、青年画家,他们自己也都愿住清洁干燥、有卫生设备的新楼,但他们却都爱画江南民居,虽然那些民房大都破烂了,还是要画。这不是爱其破烂,是被一种魅力吸引了!什么魅力呢?除了那浓郁的生活气息之外,其中白墙、黑瓦、黑门窗之间的各式各样的、疏密相间的黑白几何形,构成了具有迷人魅力的形式美。将这些黑白多变的形式所构成的美的条件抽象出来研究,找出其中的规律,这也正是早期立体派所曾探索过的道路。

谁在倒洗澡水时将婴儿一起倒掉呢?我无意介绍西方抽象派中各种各样的派系,隔绝了近30年,我自己也不了解了。我们耻于学舌,但不耻研究。况且，是西方现代抽象派首先启示人们注意抽象美问题的吗？肯定不是的。最近我带学生到苏州写生，同学们观察到园林里的窗花样式至少有几百种，直线、折线、曲线及弧线等的组合，雅致大方，变化莫测。这属抽象美。假山石有的玲珑剔透，有的气势磅礴，有平易近人之情，有光怪陆离之状。这也属抽象美。文徵明手植的紫藤，苍劲虬曲，穿插缠绵，仿佛书法之大草与狂草，即使排除紫藤实体，只剩下线的形式，其美感依然存在。

我在野外写生，白纸落在草地上，阳光将各种形状的杂草的影子投射到白纸上，往往组成令人神往的画面，那是草的幽灵，它脱离了躯壳，是抽象的美的形式。中国水墨画中的兰竹，其实也属于这类似投影的半抽象的形式美范畴。书法，依凭的是线组织的结构美，它往往背离象形文字的远祖，成为作者抒写情怀的手段，可说是抽象美的大本营。云南大理石，画面巧夺天工（本是天工），被装饰在人民大会堂里，被嵌在桌面上，被镶在红木镜框里悬挂于高级客厅；桂林、宜兴等地岩洞里钟乳石的彩色照片被放大为宣传广告画，这都属抽象美。

在建筑中，抽象美更被大量而普遍地运用。我国古典建筑从形体到装饰处处离不开抽象美，如说斗拱掩护了立体派，则藻井和彩画便成了抽象派的温床。爬山虎的种植原是为了保护墙壁吧，同时成了极美好的装饰。苏州留园有布满三面墙壁的巨大爬山虎，当早春尚未发叶时，看那茎枝纵横伸展，线纹沉浮如游龙，野趣感人，真是大自然难得的艺术创造，如能将其移入现代大建筑物的壁画中，当引来客进入神奇之境!

大量的属抽象范畴的自然美或艺术美,不仅被知识分子欣赏,也同样为劳动人民喜爱。而且它们多半来自民间,很多是被民间艺人发现及加工创造的,最明显的是工艺品,如陶瓷的窑变,花布的蜡染等。人们还利用竹根雕成烟斗,采来麦秆编织抽象图案,拾来贝壳或羽毛点缀成图画;串街走巷的捏面艺人,将几种彩色的面揉在一起,几经扭捏,便获得了绚丽的抽象色彩美,他在这基础上因势利导巧妙地赋予具象的人物和动物以生命。

抽象美是形式美的核心,人们对形式美和抽象美的喜爱是本能的。我小时候玩过一种万花筒,那千变万化的彩色结晶纯系抽象美。彩陶及钟鼎上杰出的纹样,更是人类童年创造抽象美才能的有力例证。若是收集一下全国各地区各民族妇女们发髻的样式,那将是一次出色的抽象美的大联展。

似与不似之间的关系其实就是具象与抽象之间的关系。我国传统绘画中的气韵生动是什么?同是表现山水或花鸟,有气韵生动与气韵不生动之别,因其间有具象和抽象的和谐或矛盾问题,美与丑的元素在作祟,这些元素是有可能抽象出来研究比较的。音乐属听觉,悦耳或呕哑嘈杂是关键,人们并不懂得空谷鸟语的内容,却能分析出其所以好听的节奏规律。美术属视觉,赏心悦目和不能卒视是关键,其形式规律的分析正同于音乐。将附着在物象本身的美抽出来,就是将构成其美的因素和条件抽出来,这些因素和条件脱离了物象，是抽象的了，虽然它们是来自物象的。

我认为黄宾虹老先生晚年的作品进入半抽象的境界，相比之下，早期作品太拘泥于物象，过多受了物象的拖累，其中隐藏着的，或被物象掩盖着的美的因素没有被充分揭示出来，气韵不很生动，不及晚年作品入神。文人画作品优劣各异，不能一概而论，其中优秀者是把握了具象抽象的契合的。我认为八大山人是我国传统画家中进入抽象美领域最深远的探索者。凭黑白墨趣，凭线的动荡，透露了作者内心的不宁与哀思。他在具象中追求不定型，竭力表达"流逝"之感，他的石头往往头重脚轻，下部甚至是尖的，它是停留不住的，它在滚动，即将滚去！他笔下的瓜也放不稳，浅色椭圆的瓜上伏一只黑色椭圆的鸟，再凭瓜蒂与鸟眼的配合，构成了太极图案式的抽象美。一反常规和常理，他画松树到根部偏偏狭窄起来，大树无根基，欲腾空而去。一枝兰花，条条荷茎，都只在飘忽中略显身影，加之，作者多半用淡墨与简笔来抒写，更构成扑朔迷离的梦的境界。

苏州狮子林中有一块石头，似狮非狮，本来很有情趣，可任人联想玩赏。偏有人在上补了一条尾巴，他以为群众同他一样不知欣赏抽象美。抽象美在我国传统艺术中，在建筑、雕刻、绘画及工艺等各个造型艺术领域起着普遍的、巨大的和深远的作用。我们要继承和发扬抽象美，抽象美应是造型艺术中科学研究的对象。因为掌握了美的形式抽象规律，对各类造型艺术，无论是写实的或浪漫手法的，无论采用工笔或写意，都会起重大作用。宋徽宗画的祥龙石以及一些羽毛的纹样，是把握了某些抽象美的特色的。陈老莲《水浒叶子》绣像插图的衣纹组织中更具有独特的抽象美感，那也正是西方抽象派画家保罗·克来探寻的海外迷宫！科学工作者在实验工作中可能不被理解，但制出盘尼西林来便大大增强了医疗效果，引起人们重视。

我们研究抽象美，当然同时应研究西方抽象派。它有糟粕，但并不全是糟粕。从塞尚对形体做出几何形式的分析后，立体派从此发展了造型艺术的结构新天地，逐步脱离物象外貌，转向反映其内在的构成因素，这便开了西方抽象派的先河。尽管西方抽象派派系繁多，无论想表现空间构成或时间速度，还是半抽象、全抽象或自称是纯理的、绝对的抽象……它们都还是来自客观物象和客观生活的，不过这客观有隐有现，有近有远。即使是非常非常之遥远，也还是脱离不了作者的生活经历和生活感受的，正如谁也不可能提着自己的头发脱离地面而去！我并不喜欢追随西方现代艺术诸流派，洋之须眉不能长我之面目。但借鉴是必需的，如果逐步打开东、西方的隔阂，了解人家不同的生活环境和生活趣味，则抽象派在一定社会条件中的诞生也是必然的，没有什么可怕的。就说抽象派的祖师爷康定斯基，他又是怎样的异类呢？我以前看北方昆曲剧团演出，在白云生演穷生时穿着的好看的百衲衣中，似乎感到了康定斯基的艺术感受！

（选自《美术》杂志，1980年第10期）

【交流之窗】

什么是抽象美？老子曰，"大音希声，大象无形"。本文说，"将这些形、色、虚实、节奏等因素抽出来进行科学的分析和研究，这就是抽象美的探索"；"在建筑、雕刻、绘画及工艺等各个造型艺术领域起着普遍的、巨大的和深远的作用"。抽象美与形式美有何关系？"似与不似间的关系是具象与抽象间的关系""抽象美是形式美的核心"。江南民居的白墙、黑瓦、黑门窗间的几何形，苏州园林窗花的直线、折线、弧线，中国水墨画……都构成迷人的形式美。抽象美源自何方？来自客观物象和客观生活。研究抽象美，要实现中西文化艺术生命的贯通。

风格散记（节选）

王　蒙

⊙ 王蒙　莫丹绘

王蒙，生于 1934 年，中国当代作家。

潇　洒

　　一株挺拔的树在风里自然地飘摇；它没有固定的姿态，却有一种从容，一种得心应手的自信，一种既放得开又收得拢，既敢倾斜又伸得直，既不拘一格、千变万化又万变不离其和谐的本领，不吃力，不做作，不雕琢，不紧张，不声嘶力竭。我们说，这是潇洒。

　　潇洒也是一种心态，一种精神，一种拿得起放得下的豁达，是一副饱经沧桑而又自得其乐的欢愉。

　　潇洒是一种火候，是一种迅速的推移，转化和移动。在这个火候上，苦与乐、喜与悲、沉重与轻松，如圆环之相结，如流水之无首尾，如流星之划破夜空，说来就来，说走就走。

　　一株花，独独有些枝伸展了出去，花朵欲飞还止，这是潇洒。

　　鱼在水里游，鸟在天上飞，马在原野上奔跑，这是潇洒。游着，飞着，跑着，戛然而止，这也是潇洒。

跳水运动员，高难动作，十分熟练，似乎是全不吃力，也是潇洒。

失败了，流泪了，掏出了手绢，终于抑制住了自己，破涕为笑，同样地向胜利者投掷鲜花，这也是潇洒。

所以潇洒也是一种风度，一种胸襟，一种大度，一种精神的解放，一种从必然王国到自由王国的飞跃。

神　秘

贾宝玉的脖子上挂着一块通灵宝玉。大海有无尽的波浪和潮汐。景山古槐干枯多年之后突然发出了新枝。夏夜的流星，从无到有又从有到无。一个人生下来、几十年悲欢离合、爱爱仇仇，然后带着无尽的思绪愿望匆匆辞世。一朵小花、一只小虫以及一个太阳系，一个与几个银河系。夜静更深时候的风吹来的话声笑声……

你永远不可能穷尽，永远不可能完成，永远不可能大功告成。不论是艺术还是科学，不论是权力还是财富，不论是理想还是肉欲。

无限是不可观照、不可想象、不可思议的。无限又是观照、想象、思议的必然产物，无法逃避的一个终结——无终结。

艺术也是一种桥梁，连接着人们的渺小的躯体与无穷的热情、无穷的世界和天空、无穷的历史。

艺术是伸出来的手。向着永恒，向着无穷。

神秘感也就是无穷感。言有尽而意无穷。生有尽而知无穷。技有尽而道无穷。解释有尽而奥妙无穷。

神秘就是差异,就是不等式。形象不等于思想,思想不等于形象,孪生姐姐不等于妹妹,妹妹不等于姐姐,在形象与思想之间,在孪生姐妹之间,互相都对应以神秘。

在有限与无限,必然和偶然,人类与非人类,太阳与月亮,动物与植物,东方与西方之间。

神秘是一种灵性,一种艺术家或者思想家的气质。一种热情、遐想、趣味、寻觅。

神秘是一个惊叹号,对于——一切。

神秘是一种光辉。至少是一种光泽。

神秘是永远的不自由。更反衬出帮助人们进入自由王国的科学、知识、技术、经验的可贵。

神秘当然不是糊涂,也不是迷信。神秘不过是或而向超越地平线的地方投去的一瞥。

这一瞥不是从漆黑的夜投向夜的漆黑,而是寻找着、感知着拂晓时分的万里霞光。

奔 腾

大河奔流,一泻千里,挟泥带沙,挟鱼带虾,无尽无休。

万马奔腾,马蹄嗒嗒,你涌我上,你嘶我鸣,尘土飞扬,遮天蔽日。

如井喷,如雪崩,如泥石流,如解冻的、冰块相撞击咔咔作响的冰河,如戈壁滩上的卷起万丈黑沙柱的旋风。

关键在于一种势能,一种潜能的释放,一种思想、情感、智慧的内压强,一种不可阻挡的艺术的激情、艺术的力量。

而在这种情况下挖掘了一条生活的渠道、一条题材的渠道,于是有了落差,有了动能,甚至能推动涡轮发出电、光、热。

自以为是的论者以为这太随意了,太缺少雕琢了。然而这个随意的"意"却是千金难求、踏破铁鞋无处觅的。没有高屋建瓴的气势,没有超拔卓越的见识,没有积蕴久长厚实的情感,没有丰富的经验阅历,你倒随一下"意"试试,不但鱼虾泥沙冲不下来,电发不出来,连湿润一巴掌地皮的几滴水也流不出。

宁要随意的奔腾与奔腾的随意,不要枯涩的雕琢与雕琢的枯涩。

清 新

好像是儿童的眼光。好像是初恋的心绪。好像刚刚下过了一场洗涤世界与洗涤魂灵的雨。好像突然打开了封闭多年、混沌沉闷的窗户,好像清冽的山泉汩汩流过。好像早晨深深地吸进的第一口空气。

它就是清新,它就是诱人的鲜活生动。它就是色泽、形状、嘹亮的歌喉。它就是永远的不衰的兴味、好奇与遍及一切大小事物的情趣。它就是小草,它就是雪花,它就是翠柳上的黄鹂。它就是呼吸。它就是生命自己。

有生命的文字永远在你耳边呼吸,无须借助话筒和扬声器。没有生命的文字则只不过是僵尸,不论怎样打扮穿衣。

清新就是爱，就是兴致勃勃，就是生命的永远的发展与更新的活力。清新使一切司空见惯的事物那样生机盎然，美丽新奇。

温 馨

是朝霞也是落日，是晨星也是灯光。是儿童的柔弱也是成人的善良，是始终不能泯灭的对于青春和爱情的记忆。

即使血与火、风与浪铸就了心的钢铁般的坚强，这里面仍然有一根柔软的弦，即使只是曾经有过这样一根弦也罢，你无权因为这根弦许久没有颤抖过便断定它不再颤响。

是道德和良心？是同情和怜悯——谁说怜悯总是包含着轻蔑？是一杯暖人肝肠的醇酒。是对失眠者的额头的抚摸。是梦里的飞翔着的安琪儿，是对疲倦的旅人的一声问候：你好！

虽然千辛万苦，我们觉得还是想活下去。你甩不开。你割不断。你仍然觉得值得。你的眼泪仍然烫着你。

是邂逅的机缘。是重逢的欢欣。是离别的挥手。是新生儿的没日没夜的令人心碎的啼哭，是珍藏的褪了色的照片。甚至只是一朵牵牛花，一只小鸟，一只喵喵地叫着吻你的裤脚的猫。

却也可以是成熟的宽容，是饱经沧桑以后的和解，是一种遗憾、叹息、忏悔，是一种宁静、自信、友谊。

秋天的树叶，不也可以和春天的花朵一样灿烂吗？

豁 达

说的是那种彻悟,那种远眺的悠然,那种顽强,那种精神的自主和自由。

而不是欲说还休的吞吐,麻木不仁的傻气,自吹自擂的醉态。

说的是对私欲私利的恬淡。是海水深处的平静。是大河的稳重。是大山的岿然。是天空的无言。是悲天悯人的鸟瞰。

超然而不旁观。清爽而不冷漠。有所不为是为了大有为。有所不动是为了不轻举妄动。

常年流泪的人是结膜炎而不是多情。豁达者才是有泪不轻弹的男儿。常年咋唬的人多半自身倒是胆小鬼。常年激动的人多半须要吃镇静剂。

豁达不是目的,不是结局,而是准备,是帮手。淡化的目的是为了那浓重的进击,豁达的后面才是强力。

单 纯

如水之过滤,如蝉之蜕皮,如刹那间的忘却——忘却了才能记起,记起那久久被遗忘了的宝贵的情致。

唯有善良,始有单纯。唯有自然,始有单纯。唯有高尚的智慧与情操,才甘愿做那近乎荒谬的善良和单纯的文和事。到头来,于是才知道真正荒谬的是不单纯与不善良的丑恶。

有儿童的单纯也有老人的单纯。儿童的单纯是天性，老人的单纯或是智慧。是更上一层楼又一层楼的谦虚。

单纯也是无畏。无畏方能无伪。

单纯是一切事物存在的最快乐的形式。单纯就是快乐。单纯就是不设防。单纯就是秩序。

单纯是一只鸟，你想捉它，它就飞去。单纯是一枝花，你折下它，它就枯萎。于是你才明了，单纯原来就是你自己。

空 灵

不是出世的逃避而是入世的精微。不是弱者的无奈而是强者的胸有成竹。不是有闲者的无聊点缀，而是工作者的从容的一瞥。

体察精微方能有所抽象，胸有成竹始能摆脱庸俗，从容的一瞥却看到了更久远和广大的世界，更细小和微妙的瞬间。

是深思也是直感，是童心也是哲理，是无所指也是有所为，是空灵却也是斑驳的现实。

是斑驳的现实的常常被忽略的另一端。是巨大的容括却也是偶尔的发现。是苦苦的寻求却也是得来全不费功夫的神来之笔。是一种提炼，一种表现的方式，也是一种补偿。

是一种启示，一个教训，一个不可磨灭的印象，一颗流星，一枚橄榄，一阵清风，一个美妙的梦。是一个万能的容器，一种普遍的存在形式，一种人与天（宇宙）的无形的契合，一种奇妙的感应，一个我们都好像理解却又永远猜不中的谜语。

自 然

自然就是朴素,自然就是明白,自然就是单纯,自然就是真功夫。

行云流水,无迹无踪,有文气贯之,有意贯之,有真情贯之,有自然贯之。

自然就是真情。自然就是了然于心,得心应手。

自然最舒适。自然最养生。然而自然不是木然,不是自私地自欺欺人。自然的舒适是胸襟坦诚者不必乔装打扮自己的任何喜怒哀乐的舒适,是敢于见阳光的舒适。自然的养生是睁着眼的乐观者的养生。

有技巧却没有匠气,有小术却更有大道。有起承转合却看不到惨淡经营者的紧皱的眉头。有修辞却看不到炼字炼句者的苍白的面孔。圆熟而不油滑。丰瞻却不卖弄。动情而不絮叨,思辨却没有"端"起肩膀。

所以说,自然是一种"度"。恣肆而又节制的"度"。是事物与人心具有的本身的分寸感。于是乎,自然便又成为经验、文化和修养的产物了。

(选自《风格散记》,人民文学出版社,1991年版)

【交流之窗】

本文谈的是文学艺术的风格，还是对自然、社会、人生的感悟？"潇洒也是一种风度……含蓄是一种追求……神秘是一种灵性……清新就是爱……"在看似生活习见的现象上赋予深刻的人生主体意识，赞美一种风度、胸襟、气度，是在谈文学，也是在谈人生！

是在进行逻辑说理，还是形象描述？本文一反理论文章的死板面孔，代之以幽默灵动的轻盈文字，把理论变成诗，把哲思变成形象，融议论于描写，以平常的生活现象，做理论的生动阐发，又具有亲切的感情色彩。让我们睹其形象，感其真情，悟其哲理，久久回味，与之共鸣！让我们不仅能提升文学之境，更能提升人生之境、生命之境！

崇高与秀美的组合

刘再复

刘再复，生于1941年，当代学者、思想家、文学家、红学家。

崇高性格因素除了与滑稽性格因素可以组合之外，还可以和秀美性格因素组合。

崇高与秀美的组合，用我国通常使用的语言，就是阳刚与阴柔的组合。这种组合形态，还有许多变形，有些无比勇武的英雄也带有很浓厚的情感，有些刚直无私的法官也常常带有高度的同情心，有些鲁莽粗豪的绿林豪杰也有细微的思索，有些温柔的、充满着爱的女性也会做出人们意想不到的刚烈行为，等等，这些都属于崇高因素与秀美因素的组合。

像《三国演义》中的诸葛亮，从整体来说，他的智慧被过于突出，但是，他的"挥泪斩马谡"，却写得十分动人。这段故事使我们看到诸葛亮性格中一些丰富、深邃的东西。在与司马懿的严重斗争中，诸葛亮洞察到街亭战略位置的极端重要性，预见到马谡的弱点而派王平去扶助，等等，都表现出他作为一个伟大统帅的崇高性格。但是，在这一战役中，他选择重用马谡这个关键点发生错误，于是陷入失败，失去街亭。他按照军令决定斩马谡，但在做出这种决定时他流下了眼泪，而且安抚马谡的家属。这种细节和行为，透露了诸葛亮的人性，这是诸葛亮性格中秀美的部分。

《水浒传》中的李逵，他的性格中的崇高因素使他成为一个可爱的英雄。他比水浒英雄群中的任何一个英雄都对统治者表现出更深的仇恨，并实行更无情的决裂，他根本听不得"招安"这种软弱的呻吟，他天不怕地不怕，在最剧烈的战斗中总是充当急先锋的角色。这个形象在读者心中总是产生一种力的美，崇高的美。《水浒传》写得最使人难忘的是他返回故乡接母亲的那一段故事，他在路上竟然遇到一个自称"李逵"的拦路抢劫者，这是非常滑稽的。按照李逵那种"排头砍去"的性格，对这个冒名行劫的人，本来是非一刀砍去不可的。但是，冒名的李鬼却编造了自己家中有一老母的鬼话来骗李逵，一打着母亲的神圣名义，马上触动这个千里寻母的豪杰之心。他不仅不杀李鬼，而且赠给他一些银子，让他回去好好供奉母亲。直到他发现自己上当时，才无情地杀了这个江湖骗子。

这段故事，与黑格尔所分析的希腊英雄阿基琉斯差不多，阿基琉斯的性格，也是崇高与秀美的组合。黑格尔分析阿基琉斯的性格时说，在荷马的作品里，每一个英雄都是许多性格特征的充满生气的总和。阿基琉斯是个最年轻的英雄，他一方面有年轻人的力量，但是另一方面也有人的一些其他品质，荷马借种种不同的情境把他的这种多方面的性格都揭示出来了。他一方面是个最漂亮最暴躁的少年，既会跑，又勇敢，可是另一方面他也很尊敬老年人。他所信任的仆人，忠实的腓尼克斯躺在他的脚旁，在帕特罗克洛斯的丧礼中他对老人涅斯托表示最崇高的敬礼；但是对于敌人，他也容易发火，脾气暴躁，爱报复，非常凶恶。例如他把赫克托尔的尸体绑在他的车后，绕着特洛伊城拖了三个圈子，但是赫克托尔的父亲、老普里阿摩斯来到他的营帐时，他的心肠就软下来了，他暗地里想到自己的老父亲，就伸出手来给哭泣的老国王去握，尽管这老国王的儿子是他亲手杀了的。

黑格尔评论说，荷马笔下的人物，就是这样，每个人都是一个整体，本身就是一个世界，每个人都是一个完满的有生气的人，而不是某种孤立的性格特征的寓言式的抽象品。阿基琉斯的多种性格元素，如暴躁、凶狠、报复心强、重感情等等，都是崇高与秀美两极的表现，也可以说是阳刚性格与阴柔性格两极的表现。他的英勇善战、无所畏惧、无比凶狠，都与李逵的性格相似，表现出崇高的一面，而他又是那样爱自己的母亲、父亲，当仇敌赫克托尔的父亲来到他的营帐，他的心软了下来，因为他暗地想起自己的老父亲，这与李逵想起自己的老母亲而宽恕李鬼，在感情方式上是相同的。这正是他们性格中阴柔的一面，即秀美的一面。由于这种互相对立的不同的性格元素组合于一个人物的性格世界之中，这个性格世界便显得生气勃勃。

而《水浒传》中的另一个英雄鲁智深之所以成为鲁智深，也是因为他有自己的个性。这种个性又是来源于他性格中阳刚因素与阴柔因素的组合。他的阴柔有自己独特的表现，这就是他的机智和精细。

而李逵往往只是鲁莽,而鲁智深虽然也有鲁莽,却还有李逵所没有的谨慎。金圣叹对鲁智深性格的评点中未能深入到鲁智深性格的深处,是我们今天应当加以补充的。例如鲁智深打人,在打人的行为中,既表现出鲁智深的勇敢、正直、鲁莽,但也表现出他的机智、精细、聪明,有后一种性格元素,鲁智深的性格才有自身独特的结构,才成为成功的艺术典型。金圣叹在批点鲁智深的打人时,只注意到他的"阔绰",这是远远不够的。在《水浒传》第三回中,鲁智深打郑屠确实描写得很精彩。于是,金圣叹作了这样的评点:"一路鲁达文中,皆用'只一掌''只一拳''只一脚',写鲁达阔绰,打人亦打得阔绰。"但是,打得阔绰,只是鲁智深性格的表象,即性格中容易被了解的一面,这一面可以说与其他鲁莽英雄如李逵、武松等没有太大差别。李逵打人,何尝不是打得很阔绰呢?施耐庵在塑造鲁智深性格中,还有更高明之处,就是写出鲁智深性格结构中的另一面,这就是他的机智,即李逵所没有的一面。鲁智深打死了郑屠之后,施耐庵接着写:"鲁达看时,只见郑屠挺在地下,口里只有出的气,没了入的气,动弹不得。鲁提辖假意道:'你这厮诈死,洒家再打。'只见皮渐渐地变了,鲁达寻思道:'俺只指望痛打这厮一顿,不想三拳真的打死了他。洒家须吃官司,又没人送饭,不如及早撒开。'拔步便走,回头指着郑屠尸道:'你诈死,洒家和你慢慢理会。'一头骂,一头大踏步去了。街坊邻舍并郑屠的火家,谁敢向前来拦他。……鲁提辖回到下处,急急卷了些衣服盘缠,细软银两,但是旧衣粗重都弃了。提了一条齐眉短棒,奔出南门，一道烟走了。"鲁智深的性格，不仅表现在痛打郑屠的过程中，而且表现在打死郑屠的事件发生后的自我解脱中。他是用"你这厮诈死……"来迷惑观众而后自己一溜烟而走的，这种巧妙的自我解脱把鲁智深鲁莽中的机智、勇猛中的谨慎写了出来，这样，鲁智深的性格就摆脱了单一的贫乏，而显露出二重组合的丰富来。

鲁智深这种性格在"倒拔垂杨柳"一节中也表现得非常精彩。倒拔垂杨柳这一行为，就足以表现鲁智深的崇高性，但《水浒传》在表现这一崇高行为的前前后后中，却把鲁智深的性格全面地展示出来。鲁智深到大相国寺管菜园子时，对付那二三十个破落户泼皮所表现出来的对策和态度，是很有意思的。鲁智深对待他们很有分寸，可以说是恩威并加，最后完全把他们制服。当那些泼皮假装庆贺，诱他在粪窖边想把他撷下粪窖去的时候，他一点也不留情，"智深不等他占身，右脚早起，腾地把李四先踢下粪窖里去；张三恰待走，智深左脚早起，两个泼皮都踢在粪窖里挣扎"，这时候鲁智深用的是威。但鲁智深所以成为鲁智深，还有加威之后懂得对这批刁顽而不幸的人加一点"恩"，给他们生路（这点是李逵做不到的）。于是，当张三李四在粪窖里求饶的时候，"智深喝道：'你那众泼皮，快扶那鸟上来，我便饶你众人。'众人打一救，搀到葫芦架边，臭秽不可近前。智深呵呵大笑道：'兀那蠢物，你且去菜园池子里洗了来，和你众人说话'……"之后，鲁智深又在他们面前训话，"休说你这三二十个人有什么，便是千军万马队中，俺敢直杀的入去出来"，之后，又在他们面前倒拔垂杨柳,使这些泼皮"匾匾的伏,每日将酒肉来请智深"。鲁智深对待这伙泼皮与对待郑屠这种恶霸不同,他对他们既憎恶又同情,这说明鲁智深并不是那种纯粹鲁莽的人,而是一个机智的而且懂得分寸的莽汉。

　　崇高性格因素还可与鄙俗性格因素进行组合,这种组合使许多人物性格的塑造获得很大的成功。特别是一些被社会打入最底层的风尘女子的形象,具有高度同情心的作家,在表现她们的性格时,往往努力地表现她们这种性格的二重结构,即努力写出被人视为没有人格的崇高人格,在鄙俗的重压下的高洁的灵魂。这一点中外作家不约而同地这样做。我国的小说戏剧中也有若干感人的形象,如《二刻拍案惊奇》中的《硬勘案大儒争闲气　甘受刑侠女著芳名》一节所写的严蕊,《警世通言》中的《杜十娘怒沉百宝箱》一节所写的杜薇,都是具有崇高性质的。聂绀弩在《〈聊斋志异〉的思想性举隅》一文中说:"中国小说戏剧,对于娼妓,多同情其遭际,歌颂其美德,而极少视为淫贱,加以谴责的,如《李娃传》《桃花扇》《玉堂春》《青楼梦》《海上花》,等等。但写娼妓人格高大者,莫如《二刻拍案惊奇》的严蕊,宁受朱熹的酷刑几死,不招认唐仲友与之有私,使朱熹陷唐之计不逞,故书中称之为侠女。"与严蕊、杜薇相比,《卖油郎独占花魁》中的莘瑶琴,尽管她的性格中有一种超势利的美的、善的因素,但不属于崇高的范畴。与严蕊、杜薇相似,在世界文库中,倒有一批性格中跳动着崇高脉搏的苦难姐妹,例如法国小仲马《茶花女》中的玛格丽特,莫泊桑《羊脂球》中的艾丽萨贝特·鲁西,美国《魂断蓝桥》中的玛拉，她们的性格结构都以崇高与鄙俗这二重因素为基本成分。但是，由于她们所处的历史环境不同，她们表现出不同的命运和不同的个性。

这几个人物，她们都带有很强的悲剧性。她们都有一副天生丽质，但是，被生活所迫，她们都走向卖笑生涯，变成被侮辱、被玩弄的女性。她们用自己的美貌和活力去换取生存的条件，走着最黑暗的腐化堕落的痛苦的路，在一般世人看来，她们是最不值钱的、鄙俗到极点的可怜的生物。她们确实有鄙俗的一面，但是，有眼光的作家却能看到这种鄙俗包裹着的、处于灵魂深层的东西，这就是她们性格底层中被社会所窒息的、无法生长的崇高的、圣洁的因素。作家发现这些因素，并把它放大给人们看，呼吁人们拯救她们的苦难，拯救她们身上那种正在挣扎的不死的灵魂。于是，我们看到杜十娘在负心汉李甲面前显得那么高大，当她指责李甲说"我椟中有玉，恨你眼内无珠"，我们感到杜十娘不仅拥有价值无量的金银宝"玉"，而且拥有一种更可贵的未被风尘所腐蚀的精神上和人格上的"玉"，这种玉在污秽中闪着圣洁的光，可惜渺小的李甲看不见。但它被作家发现了，于是，作家把杜十娘性格中污秽的因素与圣洁的因素组合起来，而且最后圣洁的因素升华到顶点，产生了非常动人的力量。茶花女玛格丽特在那一群追逐、玩弄、践踏她的公爵、伯爵面前，甚至在阿尔芒和阿尔芒父亲面前，不也显得更高大一些吗？她超越了充塞那个污浊社会的自私、虚伪和丑恶。她让人们为她流泪，不正是因为在她内心世界中确实也燃烧着一种崇高而圣洁的东西吗？莫泊桑的《羊脂球》中那个酷爱自己的祖国和乡土的艾丽萨贝特，她被人们嘲笑为"卖淫妇"，可是，她在马车上，在那群又要嘲笑她、又要吃她、又要向她求援的贵妇人和其他男男女女面前，又显得多么有力量，多么有良知，多么有道德啊。当她被花言巧语所哄骗，不得不以自己的苦痛和耻辱换来那一车人的自由时，我们最初为她再次落入鄙俗与污秽的泥坑而悲愤，但是，仔细想想，不正是她，超越了那车上充满着险恶、无耻与无聊的世界吗？

我国当代杰出的中篇小说《绿化树》中的马缨花，不同于上述这几个女性形象，她是以自己独特的性格风貌出现于世界文坛的。她是一个在新的时代里带有鄙俗因素的崇高性格。她在严酷的艰难的环境中，为了孩子的温饱，为了自己所爱者灵与肉的复活和崛起，不得不以自己的姿色去敷衍那些拥有小小权力而追逐她的人，以换得一点求生的口粮。这种行为本身就带有二重性。然而，她与杜十娘和玛格丽特们不同，她没有被生活压垮，她始终是个强者。她在极其艰辛的高山危崖中，始终不屈地攀登着，带着一种坚定的、粗糙的信念一直向前走。她的灵魂之火不仅照着自己，还照着他人。她的灵魂中有一种强大的、无形的力量，这种力量使她的所爱者的灵魂获得再生。她的无声的安魂曲，带着伟大的旋律，震荡着作品中人物的心灵，也震荡着我们的心灵。这样一个个性，这样一个崇高与鄙俗、阳刚与阴柔、文明与野蛮、粗犷与秀美、圣洁与污秽组合而成的性格，不仅是我国现代文学中少有的，而且也是世界文学中的一个很独特的形象。

崇高性格因素还可以和很平凡的其他性格因素组合成很有独特个性的形象，甚至可以与慵懒、随和组成一种很有意思的性格。《约翰·克利斯朵夫》中的萨皮纳就是这种形象。这个慵懒的年轻寡妇，在人们心目中并没有什么重要位置，但在克利斯朵夫心目中，一直是一个很崇高的形象，他为她而倾倒，以至在她死后仍然无法磨灭这种崇高的印象。这并不奇怪，在萨皮纳身上，确实有一种超越世俗的高雅，她不仅超越了人生的功利境界，而且超越了过时的礼教伦理境界，好像进入一种人生的天地境界。这种境界使克利斯朵夫接近她时，心里会感到很平静，很安宁，甚至可以使人从烦恼的磨难中解脱出来，从紧张的心绪中松弛下来。她又是那么坦白纯真，当克利斯朵夫问她爱不爱音乐时，她一点也不想讨好克利斯朵夫，而坦率地回答，她对音乐感到厌烦，她根本就不懂得音乐。这使耳朵早已灌满谎言和赞词的克利斯朵夫感到震惊，而且被她的坦白心胸所折服。萨皮纳这种超越，是对一般道德水准和一般世俗观念的超越，因此，她就显得崇高。克利斯朵夫所以那样热烈地爱她，正是他透过她的慵懒而发现她的崇高，即发现她的慵懒正是她对市侩式的地狱的一种高度的轻蔑，连眼珠也懒得转过去看一看的轻蔑。天才的作家，在塑造自己的高贵形象时，总是不拘一格的，他们绝不会被埋葬在一种模式，例如"高大全"的模式中。

（选自《性格组合论》，安徽人民出版社，2008年版）

【交流之窗】

"崇高美"与"秀美"协调组合，会产生融阳刚与阴柔两种美的和谐美的境界。刚柔相济，阴阳调和，既是文学之径，更是宇宙大道。崇高与鄙俗、高尚与平凡、庄严与柔情、鲁莽与细心，崇高美与种种"秀美"的结合，塑造更为完美的形象，生发创造充满生气、二元甚至多元的艺术境界。西楚霸王有"力拔山兮气盖世"的气概，也有"虞兮虞兮奈若何"的柔情；苏轼有"大江东去"的豪迈，也有"多情应笑我"的惆怅；陶渊明有"采菊东篱下，悠然见南山"的淡泊高逸，也有"刑天舞干戚，猛志固常在"的豪迈激荡。"由于这种互相对立的不同的性格元素组合于一个人物的性格世界之中，这个性格世界便显得生气勃勃"。

第四编
月神与日神

⊙ 邢永峰绘

东方文明和西方文明中都有日神和月神。一般认为，日神具有阳刚、豪放、张扬、进取的精神；月神具有阴柔、婉约、内敛、稳重的精神。

太阳神阿波罗是光明之神，他是西方文明最广为人知的主神之一，其光辉使万物呈现美的外观。对阿波罗的描述代表着西方文化的典型特色：阿波罗容貌英俊，散发着芳香且略微飘起的长发垂在肩上；前额宽阔，显得精明、坚定、安详、端庄和自豪；头上通常戴着用月桂树、爱神木、橄榄树或睡莲的枝叶编织的冠冕；在他身上找不到黑暗，他从不说谎，光明磊落。可以看出，西方文化更倾向一种热情奔放、大胆张扬的性质。西方造型艺术是典型的日神艺术，荷马史诗和希腊雕塑中的奥林匹斯众神形象堪称日神艺术的典范。

崇拜月神，在中国由来已久。在黑夜中，月亮给人带来光亮；月色朦胧，容易使人产生许多遐想，"嫦娥奔月"的美丽故事由此产生。我国古代男女热恋时在月下盟誓定情；分离时拜求月神祈求团圆。任何一个民族的崇拜都具有本民族特有的文化印记。与西方太阳神相比，中国民间广为流传的月神有着含蓄内敛、低调朦胧的属性，这与中国文化的内涵息息相关。中国的月神文化以诗词意境为灵魂，以诗意之笔传达恒久不变的感怀，含蓄蕴藉，淡远空灵。

当然，中国也有诸如"夸父逐日"之类颂扬进取精神的神话，西方也有如"罗密欧与朱丽叶"歌吟缠绵爱情的诗剧,但从总的文化特质来说,西方更崇尚日神精神,中国更偏爱月神精神。从西方太阳神与中国月神的对比中,不难发现,各民族的神话传说总是带着本民族文化的精髓,可谓和而不同。正因如此,文化之间的交流碰撞才让我们的世界缤纷绚丽,何处不风景!庄子曰:"天地有大美而不言。"我们一直想要寻觅的美,不正在其中吗?让我们跟随中西方艺术大家,一同去看看敦煌的壁画,细品自然中的水墨丹青、山水旖旎;欣赏绘画艺术,辨析中西方绘画上的异同差别;感受历史文化,赏鉴魏晋风度,聆听盛唐之音;吟诵《伊利亚特》,欣赏《荷马史诗》中《阿基琉斯与阿伽门农王争吵结怨》的宏伟篇章;走上古希腊的圣殿,感受雕塑艺术的魅力与力量……

画里阴晴

吴冠中

今春又路过故乡江苏宜兴县,热情的主人在匆忙中陪我去看灵谷洞。天微雨,主人感到有些遗憾。车窗外,雨洗过的茶场一片墨绿,像浓酣的水彩画。细看,密密点点的嫩绿新芽在闪亮;古树老干黑得像铁;柳丝分外妖娆,随雨飘摇;桃花,我立即记起潘天寿老师的题画诗"默看细雨湿桃花",这个湿字透露了画家敏锐的审美触觉。

湿,渲染了山林、村落,改变了大自然的色调。山区的红土和绿竹,本来并不很协调,雨后,红土成了棕红色,草绿色的竹林也偏暗绿了,它们都渗进了深暗色的成分,统一于含灰的中间调里,或者说它们都含蕴着墨色了。衣服湿了,颜色变深,湿衣服穿在身上不舒服,但湿了的大自然景色却格外地有韵味。中国画家爱画风雨归舟,爱画"斜风细雨不须归"的诗境。因为雨,有些景物朦胧了,有些形象突出了,似乎那位宇宙大画家在挥写不同的画面,表达着不同的意境。

我自学过水彩画和水墨画后,便特别喜欢画阴天和微雨天的景色,我不喜欢英国古老风格的水彩画。我以往的水彩画可说是水墨画的变种，从意境和情趣方面看，模仿西洋的手法少，受益于中国画的成分多。西洋画中也有表现风雨的题材，但西洋画中是将风雨作为一种事故或大自然的变态来描写的，很少将阴雨作为一种欣赏对象的审美趣味来表现。西方风景画之独立始于印象派，印象派发源于阳光。画家们投靠阳光，说光就是画面的主人，因之一味分析色彩与阳光的物理关系，甚至说"黑"与"白"都不是色彩，而中西方画家大都陶醉于阳光所刺激的强烈的色彩感，追求亮、艳、丽、华、鲜……多半是从"晴"派生出来的。

　　曾有画油画的人说：江南不宜画油画。大概就是因为江南阴雨多，或者他那油画技法只宜对付洋式的对象。数十年来，我感到在生活中每次表现不同对象时，永远须寻找相适应的技法，现成的西方的和我国传统的技法都不很合用。浓而滞的油画里有时要吸收水分，娇艳的色彩往往须渗进墨韵……人们喜欢晴天，有时也喜欢阴天，如果阴与晴中体现了两种审美趣味，则鱼和熊掌是可以兼得的。又画油画又画水墨，我的这两个画种都不纯了，只是用了两种不同的工具而已。头发都灰白了，还拿不定主意该定居到油画布上呢，还是从此落户在水墨之乡了！

（选自《美丑缘》，百花文艺出版社，2007年版）

【交流之窗】

湿和雨在普通人眼里和画家眼里有什么不同？在普通人眼里，湿和雨只是一种客观存在，但在画家的眼里，"湿了的大自然景色却格外地有韵味"。作者从"斜风细雨不须归"的传统文化中找到了渊源，觅到了知音。这个大概就是生活与艺术的区别，艺术来源于生活，又高于生活，给人以美的享受。

在敦煌（节选）

季羡林

⊙ 季羡林　韩得刚绘

季羡林（1911—2009），语言学家、文学家、国学家、教育家、社会活动家。

　　刚看过新疆各地的许多千佛洞，在驱车前往敦煌莫高窟千佛洞的路上，我心里就不禁比较起来：在那里，一走出一个村镇或城市，就是戈壁千里，寸草不生；在这里，一离开柳园，也是平野百里，禾稼不长；然而却点缀着一些骆驼刺之类的沙漠植物，在一片黄沙中绿油油地充满了生机，看上去让人不感到那么荒凉、寂寞。

　　…………

　　敦煌毕竟是真实的。它的样子同我过去看过的照片差不多，这些我都是很熟悉的。此处并没有崇山峻岭，幽篁修竹，有的只不过是几个人合抱不过来的千岁老榆，高高耸入云天的白杨，金碧辉煌的牌楼，开着黄花、红花的花丛。放在别的地方，这一切也许毫无动人之处；然而放在这里，给人的印象却是沙漠中的一个绿洲，戈壁滩上的一颗明珠，一片淡黄中的一点浓绿，一个不折不扣的世外桃源。

　　至于千佛洞本身，那真是琳琅满目，美不胜收，五光十色，云蒸霞蔚。无论用多么繁缛华丽的语言文字，不管这样的语言文字有多少,也是无法描绘,无法形容的。这里用得上一句老话了:"只能意会,不能言传。"洞子共有四百多个,大的大到像一座宫殿,小的小到像一个佛龛。几乎每一个洞子里都画着千佛的像。洞子不论大小,墙壁不论宽窄,无不满满地画上了壁画。艺术家好像决不吝惜自己的精力和颜料,决不吝惜自己的光阴和生命,把墙壁上的每一点空间,每一寸的空隙,都填得满满的,多小的地方,他们也决不放过。他们前后共画了一千年,不知流出了多少汗水,不知耗费了多少心血,才给我们留下了这些动人心魄的艺术瑰宝。有的壁画,就暴露在光天化日之下,经过了一千年的风吹、雨打、日晒、沙浸,但彩色却浓郁如新,鲜艳如初。想到我们先人的这些业绩,我们后人感到无比的兴奋、震惊、感激、敬佩,这难道不是很自然的吗?

我们走进了洞子,就仿佛走进了久已逝去的古代世界,甚至古代的异域世界;仿佛走进了神话的世界,童话的世界。尽管洞内洞外一点声音都没有,但是看到那些大大小小的雕塑,特别是看到墙上的壁画:人物是那样繁多,场面是那样富丽,颜色是那样鲜艳,技巧是那样纯熟,我们内心里就不禁感到热闹起来。我们仿佛亲眼看到释迦牟尼从兜率天上骑着六牙白象下降人寰,九龙吐水为他洗浴,一下生就走了七步,口中大声宣称:"天上天下,唯我独尊。"我们仿佛看到他读书、习艺。他力大无穷,竟把一只大象抛上天空,坠下时把土地砸了一个大坑。我们仿佛看到他射箭,连穿七个箭靶。我们仿佛看到他结婚,看到他出游,在城门外遇到老人、病人、死人与和尚,看到他夜半乘马逾城逃走,看到他剃发出家。我们仿佛看到他修苦行,不吃东西,修了六年,把眼睛修得深如古井。我们又仿佛看到他翻然改变主意,毅然放弃了苦行,吃了农女献上的粥,又恢复了精力,走向菩提树下,同恶魔波旬搏斗,终于成了佛。成佛后到处游行,归示,度子,年届八旬,在双林涅槃。使我们最感兴趣、给我们印象最深的是那许许多多的涅槃的画。释迦牟尼已经逝世,闭着眼睛,右肋向下躺在那里。他身后站着许多和尚和俗人。前排的人已经得了道,对生死漠然置之,脸上毫无表情。后排的人,不管是国王、各族人民,还是和尚、尼姑,因为道行不高,尘欲未去,参不透生死之道,都号啕大哭,有的捶胸,有的打头,有的击掌,有的顿足,有的撕发,有的裂衣,有的甚至昏倒在地。我们真仿佛听到哭声震天,看到泪水流地,内心里不禁感到震动。最有趣的是外道六师,他们看到主要敌手已死,高兴得弹琴、奏乐、手舞、足蹈。在盈尺或盈丈的墙壁上,宛然一幅人生哀乐图。这样的宗教画,实际上是人世社会的真实描绘。把千载前的社会现实,栩栩如生地搬到我们今天的眼前来。

在很多洞子里,我们又仿佛走进了西方的极乐世界,所谓净土。在这个世界里,阿弥陀佛巍然坐在正中。在他的头上、脚下、身躯的周围画着极乐世界里各种生活享受:有伎乐,有舞蹈,有杂技,有饮馔。好像谁都不用担心生活有什么不足,衣来伸手,饭来张口。而且这些饮食和衣服,都用不着人工去制作。到处长着如意神树,树枝子上结满了各种美好的饮食和衣着,要什么,有什么,只需一伸手一张口之劳,所有的愿望就都可以满足了。小孩子们也都兴高采烈,他们快乐地把身躯倒竖起来。到处都是美丽的荷塘和雄伟的殿阁,到处都是快活的游人。这些人同我们这些凡人一样,也过着世俗的生活。他们也结婚。新郎跪在地上,向什么人叩头。新娘却站在那里,羞答答不肯把头抬。许多参加婚礼的客人在大吃大喝。两只鸿雁站在门旁。我早就读过古代结婚时有所谓"奠雁"的礼节,却想不出是什么情景。今天这情景就摆在我眼前,仿佛我也成了婚礼的参加者了。他们也有老死。老人活过四万八千岁以后,自己就走到预先盖好的坟墓里去。家人都跟在他后面,生离死别。虽然也有人磕头涕哭,但是总起来看,脸上的表情却都是平静的、肃穆的,好像认为这是人生规律,无所用其忧戚与哀悼。所有这一切世俗生活的绘画,当然都是用来宣扬一个主题思想:不管在什么样的生活环境中,只要一心念阿弥陀佛,就可以往生净土,享受天福。这当然都是幻想,甚至是欺骗。但是艺术家的态度是认真的,他们的技巧是惊人的。他们仔细地描,小心地画,结果把本是虚无缥缈的东西画得像真实的事物一样,生动活泼地、毫不含糊地展现在我们眼前,让我们对于历史得到感性认识,让我们得到奇特美妙的艺术享受。艺术家可能真正相信这些神话,但是这对我们是无关紧要的,重要的是他们的画。这些画画得充满了热情,而且都取材于现实生活。在世界各国的历史上,所有的神仙和神话,不管是多么离奇荒诞,他们的模特儿总脱离不开人和人生,艺术家通过神仙和神话,让过去的人和人生重现在我们眼前。我们探骊得珠,于愿已足，还有什么可以强求的呢？

最使我吃惊的是一件小事：在这富丽堂皇的极乐世界中，在巍峨雄伟的楼台殿阁里，却忽然出现了一只小小的老鼠，鼓着眼睛，尖着尾巴，用警惕狡诈的目光向四下里搜寻窥视，好像见了人要逃窜的样子。我很不理解，为什么艺术家偏偏在这个庄严神圣的净土里画上一只老鼠。难道他们认为，即使在净土中，四害也是难免的吗？难道他们有意给这万人向往的净土开上一个小小的玩笑吗？难道他们有意表示即使是净土也不是百分之百的纯洁吗？我们大家都不理解，经过推敲与讨论，仍然是不理解。但是我们都很感兴趣，认为这位艺术家很有勇气，决不因循抄袭，决不搞本本主义，他敢于石破天惊地去创造。我们对他都表示敬意。

…………

薄暮时分，带着那些印象、那些幻想，怀着那些感触，一个人走出了招待所去散步。我走在林荫道上，此时薄霭已降，暮色四垂。朱红的大柱子，牌楼顶上碧色的琉璃瓦，都在熠熠地闪着微光。远处沙碛没入一片迷茫中，少时月出于东山之上，清光洒遍了山头、树丛，一片银灰色。我周围是一片寂静。白天里在古榆的下面还零零落落地坐着一些游人，现在却空无一人。只有小溪中潺潺的流水间或把这寂静打破。我的心蓦地静了下来，仿佛宇宙间只有我一个人。我的幻想又在另一个方面活跃起来。我想到洞子里的佛爷，白天在闭着眼睛睡觉，现在大概睁开了眼睛，连涅槃了的如来也会站了起来。那许多商人、官人、菩萨、壮汉，白天一动不动地站在墙壁上，任人指指点点，品头论足。现在大概也走下墙壁，在洞子里活动起来了。那许多奏乐的乐工吹奏起乐器，舞蹈者、演杂技者，也都摆开了场地，表演起来。天上的飞天当然更会翩翩起舞，洞子里乐声悠扬，花雨缤纷。可惜我此时无法走进洞子，参加他们的大合唱。只有站在黑暗中望眼欲穿，倾耳聆听而已。

....

剩下我自己怎么办呢？我真是进退两难，左右拮据。在敦煌，在千佛洞，我就是看一千遍一万遍也不会餍足的。有那样桃源仙境似的风光，有那样奇妙的壁画，有那样可敬的人，又有这样可爱的影子。从内心深处我真想长期留在这里，永远留在这里。真好像在茫茫的人世间奔波了六十多年才最后找到了一个归宿。然而这样做能行得通吗？事实上却是办不到的，我必须离开这里。在人生中，我的旅途远远不到结束的时候，我还不能停留在一个地方。在我前面，可能还有深林、大泽、崇山、幽谷，有阳关大道，有独木小桥。我必须走上前去，穿越这一切。现在就让我把自己的身躯带走，把心留在敦煌吧。

（选自《在敦煌》，人民文学出版社，2014年版）

【交流之窗】

"读万卷书，行万里路。"这两句话季羡林先生都有实践。尤其是"行万里路",除了青年时代留学德国、壮岁韶华游历印度,国内的敦煌、黄山、庐山、火焰山、天池、西双版纳、延边等地乃至台湾也都留下了他的脚踪,付诸文字,别有一份独特的观察、思考与洞见。

阿基琉斯与阿伽门农王争吵结怨

荷　马　　罗念生　王焕生　译

荷马（前873—？），著名盲诗人。

高歌吧！女神！为了佩琉斯之子阿基琉斯的暴怒！

他的致命的愤怒给阿开奥斯人带来

无尽的苦难，将战士的健壮的英魂

打入冥府，他们的躯体成为野狗

和秃鹰的美食，宙斯的意愿实现了。

请从阿特柔斯之子、人民的国王阿伽门农

和神一样的阿基琉斯之间的争执开始吧！

是哪位天神挑起了两人的争执？

是宙斯与勒托之子阿波罗。他对国王不满，

在他的军中降下凶恶的瘟疫，吞噬了将士的生命，

只是因为阿伽门农侮辱了他的祭司克律塞斯。

后者来到阿开奥斯人的快船请求

赎回爱女，并且带来了难以数计的赎礼，

他手握黄金杖，杖上系着远射神阿波罗的头带，

恳请所有的阿开奥斯人，尤其向阿特柔斯的两个儿子

阿伽门农和墨涅拉奥斯兄弟、士兵的统帅请求：

"阿特柔斯的儿子啊！胫甲坚固的阿开奥斯将士们啊！

愿居住在奥林匹斯山的众天神允许你们洗劫

普里阿摩斯的都城，然后平安返回家园。

请你们收下赎礼，释放我的宝贝女儿，

以表达你们对宙斯之子、远射神阿波罗的崇敬。"

其他的阿开奥斯人均发出赞同的呼声，

表示应该尊重祭司，收下丰厚的赎礼；

然而，阿特柔斯之子阿伽门农内心不悦，

他用严厉的话语斥退了这位老人：

"老家伙，不要让我在深旷的海船旁边再看见你，

现在立即滚开，以后也不许再来。

否则，你的手杖和杖顶天神的头带

也难以保护你！我不会释放你的女儿，

她将远离故乡，在阿尔戈斯，我的居住地，

在织布机旁忙碌，在我的床前忙碌，

直到人老珠黄。走吧！别再气我。赶紧平安回家。"

他这样的一顿咒骂，使老人心里害怕，不敢违抗。

老人沿着波涛呼啸的海边，默默地离去，
走了很远，便向阿波罗，美发的勒托的儿子
祈祷，念念有词地说：
"保卫克律塞斯和神圣的基拉的银弓之神，
统治着特涅多斯的灭鼠神，请聆听我的祈祷：
如果我曾盖了你的庙宇，欢悦了你的心胸，
或者曾为你烧烤过肥美的公牛和山羊的
大腿，请你实现我的祷告：
用你的神箭让达那奥斯人赔偿我的泪水。"

他这样的祈祷，福波斯·阿波罗听到了。
肩上挂着弯弓和箭袋，从奥林匹斯山峰上，
怒气冲冲地直奔而下。
天神气愤地进行着，箭头在肩上琅琅作响，
他的降临有如黑夜覆盖了大地。
他立即坐在远离海船的地方射出一支飞箭，
银弓的放弦声使人胆战心惊，
他先射强壮的骡子和飞跑的狗，
又把利箭射向人群。
焚尸的烈火经久不灭，柴草烧掉一层又一层。

连续九天,天神把利箭射向军队,

直到第十天,阿基琉斯召集众将士开会,

是白臂女神让他萌生开会的念头,

因为眼见达那奥斯人成片地倒下,她心生怜悯。

当众将士聚合后,

捷足的阿基琉斯站了起来,他大声说:

"阿特柔斯之子,如果战争和瘟疫要毁灭

阿开奥斯人,我们必须返船撤退,

这样才能幸免一死。

不过,我们可以先询问通神之人或先知或圆梦之人,

因为梦是宙斯送来的,

他也许会告诉我们为什么福波斯·阿波罗如此盛怒,

是否因为我疏忽了还愿或丰盛的百牲祭?

如果他闻到我们献上的绵羊或山羊的香气,

他或许会中止这场瘟疫所带来的灾难。"

言毕,阿基琉斯落座,特斯托尔之子卡尔卡斯,

最高明的卜鸟师,站了起来。

他通晓古今和未来,

曾运用福波斯·阿波罗传给他的预言术,

引导阿开奥斯人的战船来到了伊利昂。

怀着善意，他对大家说：

"阿基琉斯，宙斯所钟爱的勇士，你让我

说出远射神阿波罗盛怒的原因，我愿意，

但你必须对我发誓，

你将真心地用言语和臂膀保护我，

因为我知道，一位强者会被我的释言激怒，

他强有力地统治着阿尔戈斯人，全体人归附于他。

对于地位低下的人，国王的发威并非儿戏，

虽然当时可以咽下怒气，但仍会记恨于我，

直到仇恨在胸中消失。

因此，你要仔细考虑，是否准备保障我的安全。"

听完他的话，捷足的阿基琉斯这样回答：

"你放心大胆地把预言讲出来吧。

我向宙斯所钟爱的阿波罗起誓，

卡尔卡斯，你对之祈祷的天神，

只要我还活着，只要我还能看得见灿烂的阳光，

没有哪个人会对你下毒手，

即使是阿伽门农也不敢，

虽然他自称是阿开奥斯人中最好的英杰！"

听罢,好心的先知大胆直言:

"大家听着,神的盛怒并非因为我们没有还愿,

也不是因为没有举行百牲祭,而是因为阿伽门农侮辱了

他的祭司,拒绝接受赎礼以释放他的女儿。

所以远射神会继续降下瘟疫,

不会驱除达那奥斯人的苦难,

直到我们把那位双目明亮的姑娘交还给她父亲,

不收钱,不收礼,还要向克律塞斯献上一份百牲祭礼,

我们才能平息天神的盛怒,求得他的宽恕。"

阿伽门农回答说:

"神勇的阿基琉斯,尽管你很勇敢,

但不要运用心机来糊弄我。

你既不能欺骗我,也不会说服我。

你打算让我把姑娘交出去,然后两手空空吗?

如果心胸宽大的阿开奥斯人送一份合我心意的、

如这位姑娘一样楚楚动人的厚礼——

否则,我将亲自出马,夺取一份,

或者是别人的,或者是埃阿斯的,或者是奥德修斯的。

我去谁那里,谁都会大光其火的。

这些事情容我们以后再议。现在,

我们立即把一艘黑色的海船拖入大海,

召集优秀的水手,装上百牲的祭品,

送上克律塞斯美丽的女儿,

再派一名船长,或是伊多墨纽斯,

或是埃加斯,或是神勇的奥德修斯,

或是你,佩琉斯之子,众人中最可怕的人,

前去主持祭祀,以平息远射神的盛怒。"

听罢,捷足的阿基琉斯怒目相向,大吼道:

"无耻!狡诈!

你有这副德性,阿开奥斯的将士们谁会忠心

地听从你的号令,为你出海杀敌?

我自己到这里来战斗,并非由于

特洛伊士兵得罪了我,

他们没有抢走我的牛群马群,

也未在佛提亚,那人杰地灵的沃土上毁坏我的庄稼,

这是不可能的,我们中间隔着阴山和怒海。

为了墨涅拉奥斯和你,为了讨你的欢喜,

我们来了,帮你们向特洛伊人索赔。

现在,你竟然恐吓我,

要夺走我的战利品,

那是阿开奥斯人为了我的苦战向我的献礼。

每当我们攻克一座特洛伊城堡,

你总是得到比我丰厚的战利品,

可是战争中我总是负责最艰巨的任务。

临到分发战利品,

你总是得到最多,而我只能带着微小的一部分,

回到我的船上。

现在,我要带着我的海船,返回佛提亚,

那样好得多!

我可不想再在这里忍气吞声,

受着侮辱,为你挣得巨大的财富!"

听罢,人民的国王阿伽门农回答道:

"如果你内心想要逃跑,你尽管溜吧!

我不会求你为了自己的利益留在这里,

我还有其他的将士,当然伟大的宙斯会保佑我!

在宙斯所钟爱的勇士中,你是我最为痛恨的一个,

你总是喜欢争吵、战争和搏杀。

你有勇气,那也只是天神赐给你的。

带着你的船队和同伴回家去统治米尔弥冬人吧!

我不在意你,也不在意你的愤怒。

但是你要记住,

既然福波斯·阿波罗夺走了克律塞斯之女,

我会派我的同伴用船只把她送还,

但我要去你的军营,从你的营帐中,

带走美丽的布里塞伊斯,

让你知道知道,我远比你强大,

不会再有人妄自宣称能和我匹敌!"

如此一番应答,激怒了佩琉斯之子。毛茸茸的

胸腔里,两个不同的念头争扯着他的心魂:

是拔出胯边锋快的铜剑,

拨开挡道的人群,杀死阿特柔斯之子,

还是咽下这口怨气,强压住这股狂烈?

正当他权衡着这两种意念,

他的手正要从剑鞘里拔出那柄硕大的铜剑,雅典娜

奉白臂神赫拉之命从天而降。

赫拉同时钟爱和关心这两个勇士,故而遣她下凡——

站在阿基琉斯背后,伸手按住他的金发,

只对他显形,旁人全都一无所见。

惊异之下,阿基琉斯转过身子,一眼便认出了

帕拉丝·雅典娜——那双闪着异样光彩的眼睛。

他开口说话，用长了翅膀的言语：

"手提埃吉斯的宙斯之女啊，为何现在降临？想看看阿特柔斯之子，看看阿伽门农的骄横跋扈吗？

告诉你——我以为，老天保佑，此事终将成为现实：

此人的骄横将会送掉他的性命！"

（选自《荷马史诗·伊利亚特　第一卷》，人民文学出版社，1994年版）

【交流之窗】

《伊利亚特》以歌唱阿基琉斯的愤怒开篇，将之视为更残酷命运开始的标志——"高歌吧！女神，为了佩琉斯之子阿基琉斯的暴怒！他的致命的愤怒给阿开奥斯人带来无尽的苦难……""冲冠一怒为红颜"，希腊勇将阿基琉斯因为愤恨统帅阿伽门农夺其女俘，不肯出战。这一"怒"，是青春的愤怒、力量的愤怒、尊严的愤怒，一场旷世之战也由此拉开帷幕。在这里，在英雄阿基琉斯身上，我们看到的是日神阳刚的力量。

盛唐之音（节选）

李泽厚

⊙ 李泽厚　何作栋绘

李泽厚，生于1930年，哲学家。代表作品有《美的历程》《中国近代思想理论》《美学论集》。

　　唐代历史揭开了中国古代最为灿烂夺目的篇章。结束了数百年的分裂和内战，在从中原到塞北普遍实行均田制的基础上，李唐帝国在政治、财政、军事上都非常强盛。并且，随着经济的发展，南北朝那种农奴式的人身依附逐渐松弛，经由中唐走向消失。与此相应，出现了一系列新的情况和因素。"山东之人质故尚婚娅，……江左之人文故尚人物……关中之人雄故尚冠冕，……代北之人武故尚贵戚……"（《新唐书·柳冲传》）以杨隋和李唐为首的关中门阀取得了全国政权，使得"重冠冕"（官阶爵禄）压倒了"重婚娅"（强调婚姻关系的汉魏北朝旧门阀）、"重人物"（东晋南朝门阀以风格品评标榜相尚）、"重贵戚"（入主中原的原少数民族重血缘关系）等更典型的传统势力和观念。"仕"与"婚"同成为有唐一代士人的两大重要课题（陈寅恪说）。某种"告身"实即官阶爵禄在日益替代阀阅身份，成为唐代社会最高荣誉所在。社会风尚在逐渐变化。

这与社会政治上实际力量的消长联在一起。名气极大的南朝大门阀势力如王、谢,在齐梁即已腐朽没落;顽固的北朝大门阀势力如崔、卢,一开始在初唐就被皇室压制。而以皇室为中心的关中门阀,又接着被武则天所着意打击摧残。与此相映的是,非门阀士族即世俗地主阶级的势力在上升和扩大。如果说,李世民昭陵陪葬墓的大墓群中,被赐姓李的功臣在死魂灵的世界里竟占据了比真正皇族还要显赫的位置规模,预告了活人世界将有重大变化的话;那么,紧接着高宗、武后大搞"南选",确立科举,大批不用赐姓的进士们,由考试而做官,参与和掌握各级政权,就在现实秩序中突破了门阀世胄的垄断。不必再像数百年前左思无可奈何地慨叹"郁郁涧底松,离离山上苗,以彼径寸茎,荫此百尺条",一条充满希望前景的新道路在向更广大的地主阶级知识分子们开放,等待着他们去开拓。

这条道路首先似乎是边塞军功。"宁为百夫长,胜作一书生。"(杨炯诗),从高门到寒士,从上层到市井,在初唐东征西讨,大破突厥、战败吐蕃、招安回纥的"天可汗"(太宗)时代里,一种为国立功的荣誉感和英雄主义弥漫在社会氛围中。文人也出入边塞,习武知兵。初、盛唐的著名诗人们很少没有亲历过大漠苦寒兵刀弓马的生涯。与欧洲文艺复兴时代的文武全才,生活浪漫的巨人们相似,直到玄宗时的李白,犹然是"白陇西布衣,流落楚汉,十五好剑术,遍干诸侯;三十成文章,历抵卿相"(《与韩荆州书》)。一副强横乱闯甚至可以带点无赖气的豪迈风度,仍跃然纸上,这不是宋代以后那种文弱书生或谦谦君子可以与之相比拟的。

对外是开疆拓土、军威四震,国内则是相对的稳定和统一。一方面,南北文化交流融合,使汉魏旧学(北朝)与齐梁新声(南朝)相互取长补短,推陈出新;另一方面,中外贸易交通发达,"丝绸之路"引进来的不只是"胡商"会集,而且也带来了异国的礼俗、服装、音乐、美术以至各种宗教。"胡酒""胡姬""胡帽""胡乐"……是盛极一时的长安风尚。这是空前的古今中外的大交流大融合。无所畏惧无所顾忌地引进和吸取,无所束缚无所留恋地创造和革新,打破框框,突破传统,这就是产生文艺上所谓"盛唐之音"的社会氛围和思想基础。如果说,西汉是宫廷皇室的艺术,以铺张陈述人的外在活动和对环境的征服为特征,魏晋六朝是门阀贵族的艺术,以转向人的内心、性格和思辨为特征,那么唐代也许恰似这两者统一的向上一环;既不纯是外在事物、人物活动的夸张描绘,也不只是内在心灵、思辨、哲理的追求,而是对有血有肉的人间现实生活的肯定和感受、憧憬和执着。一种丰满的、具有青春活力的热情和想象,渗透在盛唐文艺之中。即使是享乐、颓丧、忧郁、悲伤,也仍然闪烁着青春、自由和欢乐,这就是盛唐艺术。它的典型代表,就是唐诗。

昔人论唐宋诗区别者,夥矣。自《沧浪诗话》提出"本朝人尚理,唐人尚意兴",诗分唐宋,唐又分初盛中晚以来,赞成反对者争辩不休。今人钱锺书教授《谈艺录》曾概述各种论断,而认为,"诗分唐宋乃风格性分之殊,非朝代之别",指出"唐诗多以丰神情韵擅长,宋诗多以筋骨思理见胜,……非曰唐诗必出唐人,宋诗必出宋人也"。"夫人禀性,各有偏至,发为声诗,高明者近唐,沈潜者近宋。""一生之中,少年才气发扬,遂为唐诗,晚节思虑深沉,乃染宋调。"这说法是有道理的,唐宋诗确乎是两种风貌、两种性格。包括唐宋在内的历代诗人都可以各有所偏、各有所好。不仅唐人可以有宋调,宋人可发唐音,而且有时也很难严格区划。但是,这两种风格、性貌所以分称唐宋两体,不又正由于它们各是自己时代的产儿吗?"风格性分之殊",其基础仍在于社会时代之别。少喜唐音,老趋宋调,这种个人心绪爱好随时间迁移的变异,倒恰好象征式地复现着中国后期封建社会和它的主角世俗地主阶级及其知识分子,由少壮而衰老,由朝气蓬勃渐渐转入满足颓唐、回避现实的历史行程。唐诗之初、盛、中、晚,又恰好具体形象地展现了这一行程中的若干重要环节和情景。

  闻一多关于唐诗的论文很少为1949年后的文学史著作所重视或采用。其实这位诗人兼学者敏锐而漂亮地述说了由六朝宫体到初唐的过渡。其中提出卢照邻的"生龙活虎般腾踔的节奏"(《唐诗杂论·宫体诗的自赎》),骆宾王"那一气到底而又缠绵往复的旋律之中,有着欣欣向荣的情绪"(同上),指出"宫体诗在卢骆手里是由宫廷走向市井,五律到王杨的时代是从台阁移至江山与塞漠"(《唐诗杂论·四杰》)。诗歌随时代的变迁由宫廷走向生活,六朝宫女的靡靡之音变而为青春少年的清新歌唱,代表这种清新歌唱成为初唐最高典型的,正是闻一多强调的刘希夷和张若虚:

"洛阳城东桃李花,飞来飞去落谁家。洛阳女儿好颜色,坐见落花长叹息。今年花落颜色改,明年花开复谁在?已见松柏摧为薪,更闻桑田变成海。古人无复洛城东,今人还对落花风。年年岁岁花相似,岁岁年年人不同……"(《代悲白头翁》)

"春江潮水连海平,海上明月共潮生,滟滟随波千万里,何处春江无月明。江流宛转绕芳甸,月照花林皆似霰,空里流霜不觉飞,汀上白沙看不见。江天一色无纤尘,皎皎空中孤月轮,江畔何人初见月,江月何年初照人?人生代代无穷已,江月年年只相似,不知江月待何人,但见长江送流水。白云一片去悠悠,青枫浦上不胜愁,谁家今夜扁舟子,何处相思明月楼……"(《春江花月夜》)

多么漂亮、流畅、优美、轻快哟!特别是后者,闻一多再三赞不绝口:"更夐绝的宇宙意识!一个更深沉更寥廓更宁静的世界!在神奇的永恒前面,作者只有错愕,没有憧憬,没有悲伤。""他得到的仿佛是一个更神秘的更渊默的微笑,他更迷惘了,然而也满足了。""这里一番神秘而又亲切的,如梦境的晤谈,有的是强烈的宇宙意识……""这是诗中的诗,顶峰上的顶峰。"(《唐诗杂论·宫体诗的自赎》)

其实,这诗是有憧憬和悲伤的,但它是一种少年时代的憧憬和悲伤,一种"独上高楼,望断天涯路"的憧憬和悲伤。所以,尽管悲伤,仍然轻快，虽然叹息，总是轻盈。它上与魏晋时代人命如草的沉重哀歌，下与杜甫式的饱经苦难的人生悲痛，都绝然不同。它显示的是，少年时代在初次人生展望中所感到的那种轻烟般的莫名惆怅和哀愁。春花春月，流水悠悠，面对无穷宇宙，深深感到自己青春的短促和生命的有限。它是走向成熟期的青少年时代对人生、宇宙的初醒觉的"自我意识"：对自身存在的深切感受和珍视，对这种存在的有限性的无可奈何的感伤、惆怅和留恋。人在十六七岁或十七八岁，在将成熟而未成熟，将跨进又尚未跨进独立的生活程途的时刻，不也常常经历过这种对宇宙无限、人生有限的觉醒式的淡淡哀伤么？它实际并没有真正的沉重和具体的人事现实内容，它的美学风格和给人的审美感受，是尽管口说感伤却"少年不识愁滋味"，依然是一语百媚，轻快甜蜜。永恒的江山，无限的风月给这些诗人们的，是一种少年式的人生哲理和夹着感伤、怅惘的激励和欢愉。闻一多形容为"神秘""迷惘""宇宙意识"，等等，其实就是说的这种审美心理和艺术意境。

张若虚《春江花月夜》是初唐的顶峰。经由以王勃为典型代表的"四杰"，就要向更高的盛唐峰巅攀登了。于是，尚未涉世的这种少年的空灵感伤，化而为壮志满怀要求建功立业的实在歌唱："……海内存知己，天涯若比邻，无为在歧路，儿女共沾巾。"（王勃）

"……朝闻游子唱骊歌，昨夜微霜初渡河，……莫见长安行乐处，空令岁月易蹉跎。"（李颀）

这不正是在上述那种少年感伤之后的奋发勉励么？它更实在，

更成熟，开始真正走向社会生活和现实世间。个人在度过了十六七岁的人生感伤期的观照之后，也经常是成熟地具体地行动起来：及时努力，莫负年华，立业建功，此其时也。这样，就有了初唐"四杰"和"四杰"之后的诗国中的五彩缤纷，开始指向盛唐之音的鲜花怒放。它首先由陈子昂著名的四句诗喊将出来："前不见古人，后不见来者，念天地之悠悠，独怆然而涕下。"（《登幽州台歌》）陈子昂写这首诗的时候是满腹牢骚、一腔愤慨的，但所表达的，却是开创者的高蹈胸怀，一种积极进取、得风气先的伟大孤独感。豪壮而并不悲痛。同样，像孟浩然的《春晓》："春眠不觉晓，处处闻啼鸟。夜来风雨声，花落知多少。"尽管伤春惜花，但所展现的，也仍然是一幅愉快美丽的春晨图画，它清新活泼而并不低沉哀痛。这就是盛唐之音。此外如：

"千里黄云白日曛，北风吹雁雪纷纷。莫愁前路无知己，天下何人不识君。"

"葡萄美酒夜光杯，欲饮琵琶马上催。醉卧沙场君莫笑，古来征战几人回。"

豪迈、勇敢，一往无前，即使是艰苦战争，也壮丽无比；即使是出征、远戍，也爽朗明快。

"秦时明月汉时关，万里长征人未还。但使龙城飞将在，不教胡马度阴山。"

"黄河远上白云间,一片孤城万仞山。羌笛何须怨杨柳,春风不度玉门关。"

"北风卷地白草折,胡天八月即飞雪。忽如一夜春风来,千树万树梨花开……"

个人、民族、阶级、国家在欣欣向荣的社会氛围中,盛极一时的边塞诗是构成"盛唐之音"一个基本的内容和方面,它在中国诗史上确乎是前无古人的。

江山如此多娇。壮丽动荡的一面为边塞诗派占有,优美宁静的一面则由所谓田园诗派写出。像上面孟浩然的《春晓》是如此,特别是王维的辋川名句:

"人闲桂花落,夜静春山空。月出惊山鸟,时鸣春涧中。"

"木末芙蓉花,山中发红萼。涧户寂无人,纷纷开且落。"

忠实、客观、简洁,如此天衣无缝而有哲理深意,如此幽静之极却又生趣盎然,写自然如此之美,在古今中外所有诗作中,恐怕也数一数二。它优美、明朗、健康,同样是典型的盛唐之音。如果拿晚唐杜牧的名句来比,例如"青山隐隐水迢迢,秋尽江南草未凋。二十四桥明月夜,玉人何处教吹箫""斯人清唱何人和,草径苔芜不可寻。一夕小敷山下梦,水如环珮月如襟",也极其空灵美丽,非常接近盛唐,然而毕竟更柔婉清秀，没有那种充分的质朴、爽朗气质了。

盛唐之音在诗歌上的顶峰当然应推李白，无论从内容或形式，都如此。因为这里不只是一般的青春、边塞、江山、美景，而是笑傲王侯，蔑视世俗，不满现实，指斥人生，饮酒赋诗，纵情欢乐。"天子呼来不上船，自称臣是酒中仙"以及国舅磨墨、力士脱靴的传说故事，都深刻反映着前述那整个一代初露头角的知识分子的情感、要求和理想：他们要求突破各种传统的约束羁绊，他们渴望建功立业，猎取功名富贵，进入社会上层……他们抱负满怀，尽情欢乐，傲岸不驯，恣意反抗……而所有这些，又恰恰只有当他们这个阶级在走上坡路，整个社会处于欣欣向荣并无束缚的历史时期中才可能存在。

> "……与君论心握君手，荣辱于余亦何有！孔圣犹闻伤凤麟，董龙更是何鸡狗！一生傲岸苦不谐，恩疏媒劳志多乖；严陵高揖汉天子，何必长剑拄颐事玉阶。""……弃我去者昨日之日不可留，乱我心者今日之日多烦忧……抽刀断水水更流，举杯消愁愁更愁，人生在世不称意，明日散发弄扁舟。""……头陀云月多僧气，山水何尝称人意，不能鸣笳按鼓戏沧流，呼取江南女儿歌棹讴。我且为君槌碎黄鹤楼，君亦为吾倒却鹦鹉洲，赤壁争雄如梦里，且须歌舞宽离忧。"

> "兰陵美酒郁金香，玉碗盛来琥珀光。但使主人能醉客，不知何处是他乡。"

"朝辞白帝彩云间,千里江陵一日还。两岸猿声啼不住,轻舟已过万重山。"

……盛唐艺术在这里奏出了最强音。痛快淋漓,天才极致,似乎没有任何约束,似乎毫无规范可循,一切都是冲口而出,随意创造,却都是这样的美妙奇异,层出不穷和不可思议。这里有不可预计的情感抒发,不可模拟的节奏音调……龚自珍说:"庄屈实二,不可以并,并之以为心,自白始。"(《最录李白集》)尽管时代的原因使李白缺乏庄周的思辨力量和屈原的深沉感情,但庄的飘逸和屈的瑰丽,在李白的天才作品中确乎合而为一,奏出了中国古代浪漫文学交响诗的最强音。

然而,这个极峰,与文艺上许多浪漫主义峰巅一样,它只是一个相当短促的时期,很快就转入另一个比较持续的现实主义阶段。那就是以杜甫为"诗圣"的另一种盛唐,其实那已不是盛唐之音了。

(选自《美的历程》,生活·读书·新知三联书店,2009年版)

【交流之窗】

时代风貌不同,文学艺术呈现的风格特征也不尽相同。鉴赏文艺作品的美,很有必要深入了解其产生时代的社会氛围和思想潮流。

美学大师李泽厚提出,文艺上"盛唐之音"产生的社会氛围和思想基础是什么呢?在这一社会氛围和思想基础上产生的盛唐艺术有什么特点呢?

毋庸置疑，"盛唐之音"的典型代表是唐诗。唐诗与宋诗，朝代不同，风格自不相同。就算同为唐诗，盛唐时期欣欣向荣的社会氛围，也注定了这一时期的诗歌，超越了初、中、晚期，达到了一个巅峰。文中举了不少例子，说明盛唐诗与其它时期的不同之处。请再举几个例子，进一步体会"盛唐之音"营造的独特艺术意境和带给你的独特审美感受。

中国艺术表现里的虚和实

宗白华

宗白华（1897—1986），哲学家、美学家、诗人。

先秦哲学家荀子是中国第一个写了一篇较有系统的美学论文——《乐论》的人。他有一句话说得极好，他说："不全不粹不足以谓之美。"这话运用到艺术美上就是说：艺术既要极丰富地全面地表现生活和自然，又要提炼地去粗存精，提高、集中，更典型，更具普遍性地表现生活和自然。

由于"粹"，由于去粗存精，艺术表现里有了"虚""洗尽尘滓，独存孤迥"（恽南田语）。由于"全"，才能做到孟子所说的"充实之谓美，充实而有光辉之谓大"。"虚"和"实"辩证的统一，才能完成艺术的表现，形成艺术的美。

但"全"和"粹"是相互矛盾的。既去粗存精，那就似乎不全了，全就似乎不应"拔萃"。又全又粹，这不是矛盾吗？

然而只讲"全"而不顾"粹"，这就是我们现在所说的自然主义；只讲"粹"而不能反映"全"，那又容易走上抽象的形式主义的道路；既粹且全，才能在艺术表现里做到真正的"典型化"，全和粹要辩证地结合、统一,才能谓之美,正如荀子在两千年前所正确地指出的。

清初文人赵执信在他的《谈艺录》序言里有一段话很生动地形象化地说明这全和粹、虚和实辩证的统一才是艺术的最高成就。他说:"钱塘洪昉思(按:即洪昇,《长生殿》曲本的作者)久于新城(按:即王渔洋,提倡诗中神韵说者)之门矣。与余友。一日在司寇(渔洋)论诗,昉思嫉时俗之无章也,曰:'诗如龙然,首尾鳞鬣,一不具,非龙也。'司寇哂之曰:'诗如神龙,见其首不见其尾,或云中露一爪一鳞而已,安得全体?是雕塑绘画耳!'余曰:'神龙者,屈伸变化,固无定体,恍惚望见者第指其一鳞一爪,而龙之首尾完好固宛然在也。若拘于所见,以为龙具在是,雕绘者反有辞矣!'"

洪昉思重视"全"而忽略了"粹",王渔洋依据他的神韵说看重一爪一鳞而忽视了"全体";赵执信指出一鳞一爪的表现方式要能显示龙的"首尾完好宛然存在"。艺术的表现正在于一鳞一爪具有象征力量,使全体宛然存在,不削弱全体丰满的内容,把它们概括在一鳞一爪里。提高了,集中了,一粒沙里看见一个世界。这是中国艺术传统中的现实主义的创作方法,不是自然主义的,也不是形式主义的。

但王渔洋、赵执信都以轻视的口吻说着雕塑绘画,好像它们只是自然主义地刻画现实。这是大大的误解。中国大画家所画的龙正是像赵执信所要求的,云中露出一鳞一爪,却使全体宛然可见。

中国传统的绘画艺术很早就掌握了这虚实相结合的手法。例如近年出土的晚周帛画凤夔人物、汉石刻人物画、东晋顾恺之《女史箴图》、唐阎立本《步辇图》、宋李公麟《免胄图》、元颜辉《钟馗出猎图》、明徐渭《驴背吟诗》,这些赫赫名迹都是很好的例子。我们见到一片空虚的背景上突出地集中地表现人物行动姿态,删略了背景的刻画,正像中国舞台上的表演一样(汉画上正有不少舞蹈和戏剧表演)。

关于中国绘画处理空间表现方法的问题,清初画家笪重光在他的一篇《画筌》(这是中国绘画美学里的一部杰作)里说得很好,而这段论画面空间的话,也正相通于中国舞台上空间处理的方式。他说:

"空本难图,实景清而空景现。神无可绘,真境逼而神境生。位置相戾,有画处多属赘疣。虚实相生,无画处皆成妙境。"

这段话扼要地说出中国画里处理空间的方法,也叫人联想到中国舞台艺术里的表演方式和布景问题。中国舞台表演方式是有独创性的,我们愈来愈见到它的优越性。而这种艺术表演方式又是和中国独特的绘画艺术相通的,甚至也和中国诗中的意境相通(我在1949年写过一篇《中国诗画中所表现的空间意识》,见本书)。中国舞台上一般地不设置逼真的布景(仅用少量的道具桌椅等)。老艺人说得好:"戏曲的布景是在演员的身上。"演员结合剧情的发展,灵活地运用表演程式和手法,使得"真境逼而神境生"。演员集中精神用程式手法、舞蹈行动,"逼真地"表达出人物的内心情感和行动,就会使人忘掉对于剧中环境布景的要求,不需要环境布景阻碍表演的集中和灵活,"实景清而空景现",留出空虚来让人物充分地表现剧情,剧中人和观众精神交流,深入艺术创作的最深意趣,这就是"真境逼而神境生"。这个"真境逼"是在现实主义的意义里的，不是自然主义里所谓逼真。这是艺术所启示的真，也就是"无可绘"的精神的体现，也就是美。"真""神""美"在这里是一体。

做到了这一点，就会使舞台上"空景"的"现"，即空间的构成，不须借助于实物的布置来显示空间，恐怕"位置相戾，有画处多属赘疣"，排除了累赘的布景，可使"无景处皆成妙境"。例如川剧《刁窗》一场中虚拟的动作既突出了表演的"真"，又同时显示了手势的"美"，因"虚"得"实"。《秋江》剧里船翁一支桨和陈妙常的摇曳的舞姿可令观众"神游"江上。八大山人画一条生动的鱼在纸上，别无一物，令人感到满幅是水。我最近看到故宫陈列齐白石画册里一幅上画一枯枝横出，站立一鸟，别无所有，但用笔的神妙，令人感到环绕这鸟是一无垠的空间，和天际群星相接应，真是一片"神境"。

中国传统的艺术很早就突破了自然主义和形式主义的片面性，创造了民族的独特的现实主义的表达形式，使真和美、内容和形式高度地统一起来。反映这艺术发展的美学思想也具有独创的宝贵的遗产，值得我们结合艺术的实践来深入地理解和汲取，为我们从新的生活创造新的艺术形式提供借鉴和营养资料。

中国的绘画、戏剧和中国另一特殊的艺术——书法，具有着共同的特点，这就是它们里面都是贯穿着舞蹈精神（也就是音乐精神），由舞蹈动作显示虚灵的空间。唐朝大书法家张旭观看公孙大娘剑器舞而悟书法，吴道子画壁请裴将军舞剑以助壮气。而舞蹈也是中国戏剧艺术的根基。中国舞台动作在二千年的发展中形成一种富有高度节奏感和舞蹈化的基本风格,这种风格既是美的,同时又能表现生活的真实,演员能用一两个极洗练而又极典型的姿势,把时间、地点和特定情景表现出来。例如"趟马"这个动作,可以使人看出有一匹马在跑,同时又能叫人觉得是人骑在马上,是在什么情境下骑着的。如果一个演员在趟马时"心中无马",光在那里卖弄武艺,卖弄技巧,那他的动作就是程式主义的了。"——我们的舞台动作,确是能通过高度的艺术真实,表现出生活的真实的。也证明这是几千年来,一代又一代的,经过广大人民运用他们的智慧,积累而成的优秀的民族表现形式。如果想一下子取消这种动作,代之以纯现实的,甚至是自然主义的做工,那就是取消民族传统,取消戏曲。"(见焦菊隐:《表演艺术上的三个主要问题》,《戏剧报》一九五四年十一月号)

中国艺术上这种善于运用舞蹈形式,辩证地结合着虚和实,这种独特的创造手法也贯穿在各种艺术里面。大而至于建筑,小而至于印章,都是运用虚实相生的审美原则来处理,而表现出飞舞生动的气韵。《诗经》里《斯干》那首诗里赞美周宣王的宫室时就是拿舞的姿势来形容这建筑,说它"如跂斯翼,如矢斯棘,如鸟斯革,如翚斯飞"。

由舞蹈动作伸延、展示出来的虚灵的空间,是构成中国绘画、书法、戏剧、建筑里的空间感和空间表现的共同特征,而造成中国艺术在世界上的特殊风格。它是和西洋从埃及以来所承受的几何学的空间感有不同之处。研究我们古典遗产里的特殊贡献,可以有助于人类的美学探讨和艺术理解的进展。

（选自《宗白华美学与艺术文选》，河南文艺出版社，2009年版）

【交流之窗】

"虚和实"是指中国艺术中表现空间上的虚实结合、虚实相生。艺术创作只讲"全"讲"实"，未免流于自然主义。而巧妙的"虚"，可以诱发观众的联想和想象，从而获得艺术的美感享受。文中分析了几个绘画、戏曲空间表现方面运用虚实结合神妙的例子，你能否再举几个例子呢？

你还可以通过赏析《踏花归去马蹄香》《蛙声十里出山泉》等虚实相生运用巧妙的佳作，帮助理解"中国艺术表现里的虚和实"。

第五编
文学之美

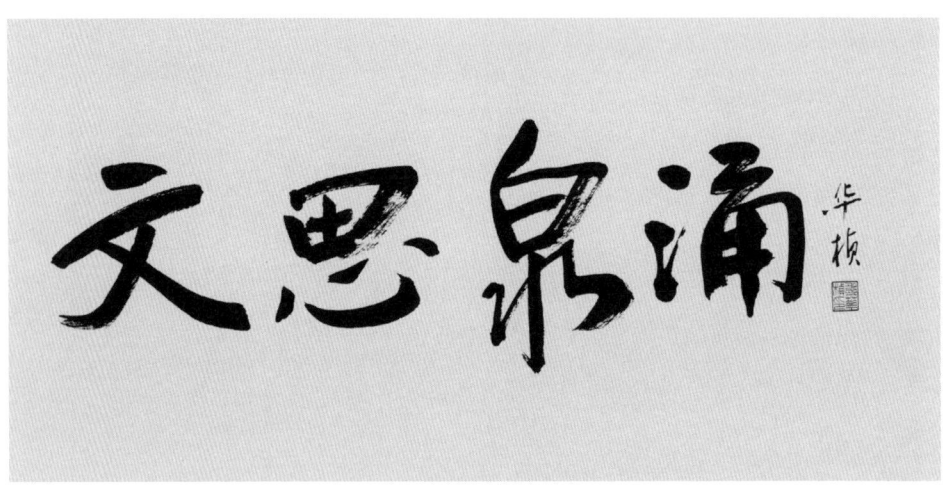

⊙ 文思泉涌　邹华桢书

"我们诗意地栖居在大地上",荷尔德林说。诗意,人的神性!文学,生命的远方!

对文学的热爱,对诗的热爱,对艺术美的热爱,是每个人本真的生命欲求!当你把自然和人生咀嚼成美妙的形象,把词语和声音交响成和谐的旋律,把生气美好的感觉吟唱成清新的诗句,把真实的人生感受化为"满纸荒唐言,一把辛酸泪",你就是书写心灵自由的缪斯之神!

文学是一曲浩气长歌,自远古而来,向未来奔去,响彻万古寰宇!你听,这长歌里,屹立着嶙嶙魏晋风骨,巍巍盛唐气象;回荡着屈原的仰天长啸,李煜的亡国愁肠,苏东坡的大江歌唱,贾宝玉的儿女情长;传扬着志士仁人的报国壮志,游子商旅的亲情乡愁,痴男怨女的追求呐喊,思想哲人的洪荒之思。

文学之美,美在形象,美在情感,美在真诚,美在崇高,美在智慧的启迪、精神的鼓舞、灵魂的抱慰。"能够将致生于死的毒液,化作可以畅饮的甘露;它撕毁世界腐朽陈旧的表象,展露出无遮无掩、宁静沉睡的美,而这种美恰是人世间一切事物的内在精神。"哈姆莱特关于"生存还是毁灭"的问题引发我们生命的思考,圣地亚哥的"人生来不是被打败的"的意志疗治我们柔弱的心灵创伤,庄周梦蝶的故事让我们重新思考人与世界的关系……

美在虚实相生。君不见，没有布景的舞台上，演员歌唱舞蹈，移步换形，《梁祝》十八相送一路上的复杂心情、各种景致，尽现眼前；一曲《牡丹亭》，忽生忽死，忽梦忽醒，奇趣迭出，惊心动魄。

美在理趣禅意。"若言琴上有琴声，放在匣中何不鸣？若言声在指头上，何不于君指上听？"多么耐人寻味。"行到水穷处，坐看云起时"，交织着物我无一、自由自在的乐道心怀。

美在异彩纷呈。你看，在美的大观园里，有"柳阴路曲，流莺比邻"的"纤秾"，"落花无言，人淡如菊"的"典雅"；还有"不著一字，尽得风流"的"含蓄"，"大风卷水，林木为摧"的"悲慨"……

美在生命境界。美是"昨夜西风凋碧树"的孤寂，是"衣带渐宽终不悔"的求索，更是"蓦然回首"的豁然。是对宇宙人生"入乎其内""长风破浪会有时"的进取，更是"出乎其外""悠然见南山"的高致。是文字精灵为我们创造的另一种人生，一种生命凌空而翔的境界——天空没有鸟的痕迹，但我已飞过！

庐山思绪

陈世旭

陈世旭,生于1948年,著名作家、诗人。

我要到庐山去,以梦为马,今夜就出发。骑着追风的马匹,刹那就是千里,千年的云雾,千年的舟车,千年的明月,千年的诗。庐山!我从黄昏和黎明的铜镜中打量你:你的起伏和挺拔的峰峦,以及像终年的云雾一样萦绕不去的关于你的诗文。

我要到庐山去,一刻也不迟疑。我离开她太久了。一排排时间与树木,一排排大路和谣曲,在我面前倒下。我越过历史和书籍、楼台或车仗,去赴历代诗人的约会。

陶渊明

"结庐在人境,而无车马喧。问君何能尔,心远地自偏。采菊东篱下,悠然见南山。山气日夕佳,飞鸟相与还。此中有真意,欲辨已忘言。"

凡诗人都是嗜酒的,凡诗人都是爱花的,只要有酒有花的地方,就该是诗人的故乡。或许应该说,诗人的故乡,就是有酒有花的地方。

那年,命运落在你头上,纷乱为一根根风中的发丝,你唱着《归去来辞》返回庐山脚下的故里,所有的花和草、树和溪流在山谷里举行空前的盛典,掩盖了你来时的道路。

你放牧,你耕作,你戴月荷锄归,你采菊,你醉酒,你登高赋新诗。一杯酒在胸膛燃烧着另一杯酒,你的叹息,使一溪清流落英缤纷。你日渐衰弱却不失勤勉的手,抓牢了农家的劳作之锄,愿后世的人们,在桃花源的风景里男耕女织。你的心则随风景而去,苍茫不可知。你不止于静穆,因为你伟大。一首伟大诗篇的诞生,也就是一个诗人的永生。没有人不会知道,那个丽日蓝天的上午,你悠然面对南山采摘的菊花,便是性灵和诗歌的本质。你蹲下身子的时候,自己就成了一株悠然的菊花。不知是该你采菊,还是该菊采你。也许本该是你生在疏落的篱下,而让菊在篱外开花。其实你们都很清楚:世界很大很大,大自然才是你们心灵栖息的田园。因此你们彼此相约:在一个百花萧瑟的季节,笑傲天下。

李 白

"日照香炉生紫烟,遥看瀑布挂前川。飞流直下三千尺,疑是银河落九天。"

一面芙蓉般的金色的山,露出青天削出的身段。我要和色彩、音韵、云雾以及树林一起,投入山的怀抱;我要接受诗歌的桂冠和祭酒之司,涉过天才与诗的河流,把酒奉给李白。

松色如暮。一袭洁白的衣冠,在江南透明的斜照里时隐时现。你的目光越过壁立的山峰，宽大的棉袍里，藏着锋利的笔和剑，你举手若电，从汹涌的云海里，抓住一剑铿然。豪气在瞬间逼近，照亮了语言。

唐朝宜酒宜诗不宜诗人。从蜀道向长安，从长安向庐山，你一生好入名山游，却是一条平平仄仄的命运之途。你别无选择。既然已被历史注定：在别人伤心的时候欣喜，在别人欣喜的时候伤心，那么，随便什么时候只要愿意，就可以将自己生命的句号、太阳般壮丽的仪式，在任何一处溢满美酒和美女的大地上辉煌地圈定。从世俗到灵魂，只隔着一层薄得看不见的门。李白在里面经营意境，偶尔取出一些，就惊呆了历代猖狂之士的眼睛。一柄寒气逼人的长剑，从诗歌的战场划过，一步一诗，把内心的痛苦与盖世的才气，轰轰烈烈地走出一首首千古绝唱。

太白的诗写在天上，飞翔的生命挂在悬崖。把心灯祭起，把心香焚起，千丘万壑，紫烟茫茫去不还。长袖临风，一扫漫天阴霾。

白居易

"浔阳江头夜送客，枫叶荻花秋瑟瑟。主人下马客在船，举酒欲饮无管弦……同是天涯沦落人，相逢何必曾相识。"

弹琴的人在水上，听琴的人在马上，弹琴的人和听琴的人相遇在一条船上。这条船便是一张琴了，被水的手指拨响。所谓知音，便是一个人与另一个人的心事被琴说穿，被水流传。人人都在世上寻找知音，却不知道在何时会偶然出现机缘。今夜，谁在那一钩残月下，独自临风抚琴？大音如霜降于四野，飘向远处的琴声比远处更远。寒夜秋月，千古心情，在玉指和轻弦上泛漫。庐山多愁善感的情怀，在一个古代的夜晚，被诗与琵琶说尽。

浔阳江水在琵琶上翻滚流淌，白司马搁下酒杯，用悲怆在琴弦上定音。一曲终了，弹琵琶的手指在弦上轻轻滑落。于是，载满秋怨的小舟随琴声的消逝而永远消逝。而诗人则踏着湿漉漉的诗行，忧郁地走进经典。两行长长的泪水，垂在历史的脸庞，再也无法抹去。

苏　轼

"横看成岭侧成峰，远近高低各不同。不识庐山真面目，只缘身在此山中。"

东坡居士不是居住在坡上，居士谪居在自己的诗文里。他其实骄傲，却衷心佩服陶潜。赋闲的时候到处游荡，用蜡烛寻找先贤的身影；在乡间，他跟陶潜一样生活，用浓重的四川官话，哼着陶潜的诗句，摇摇晃晃走向幽深的庭院。他写诗，说自己的前生一定是陶潜。他跟陶潜一样喜好喝酒、吟诗、漫游以及跟和尚聊天。聊到尽兴处，打个喷嚏也是诗。没有人能真正读懂他的内心。他却洞察了人世最深的奥秘。哪怕那奥秘埋藏在庐山似乎不可穿透的神秘诡谲的云雾深处。

庐山是一个挤满了诗人的所在。诗人们在庐山攀爬、喝酒或赏花。然后上马沉吟，下马写诗。不写诗的时候，看看风景也是文化。

我要到庐山去，乘灵感的快马，在诗的森林里出入。千年的诗，千年的月,千年的云雾和流泉中的胭脂如火焰。千年的历史,千年的风流,千年的莲花开了又落。庐山,庐山,你有多么悠久的历史,你就会有多么悠久的风流。

(选自央视2002年4月15日《电视诗歌散文·中国世界自然文化遗产》)

【交流之窗】

千古庐山,山水相环,云雾缭绕,宛若仙境。文人墨客,熏陶吟玩,数不胜数,泽被万千!灿然为菊,悠然南山,这是归乡的陶渊明对自然家园的歌唱!三千银河,九天飞落,这是少年李白生命青春的飞扬;天涯琴音,人生沦落,这是中年白居易谪居飘零的失意;谪居庐峰,洞悉世中,这是历练的苏东坡洞悉人生的从容酣畅!诗篇因他们和庐山而诞生,他们与庐山和诗篇千古!读庐山,要读庐山的山水,更要读庐山的诗文。这样,你才能跨越千年,领略庐山的历史文化,感受庐山的美景真意!你还知道多少有关庐山的风景和诗文呢?

香菱学诗①

曹雪芹

曹雪芹（约1715—约1763），清代著名文学家，中国古典名著《红楼梦》作者。

  且说香菱见过众人之后，吃过晚饭，宝钗等都往贾母处去了，自己便往潇湘馆中来。此时黛玉已好了大半，见香菱也进园来住，自是欢喜。香菱因笑道："我这一进来了，也得了空儿，好歹教给我作诗，就是我的造化了！"黛玉笑道："既要作诗，你就拜我作师。我虽不通，大略也还教得起你。"香菱笑道："果然这样，我就拜你作师。你可不许腻烦的。"黛玉道："什么难事，也值得去学！不过是起承转合，当中承转是两副对子，平声对仄声，虚的对实的，实的对虚的，若是果有了奇句，连平仄虚实不对都使得的。"香菱笑道："怪道我常弄一本旧诗偷空儿看一两首，又有对的极工的，又有不对的，又听见说'一三五不论，二四六分明'。看古人的诗上亦有顺的，亦有二四六上错了的，所以天天疑惑。如今听你一说，原来这些格调规矩竟是末事，只要词句新奇为上。"黛玉道："正是这个道理，词句究竟还是末事，第一立意要紧。若意趣真了，连词句不用修饰，自是好的，这叫做'不以词害

---

① 标题为编者所加。

意'。"香菱笑道:"我只爱陆放翁的诗'重帘不卷留香久,古砚微凹聚墨多',说的真有趣!"黛玉道:"断不可学这样的诗。你们因不知诗,所以见了这浅近的就爱,一入了这个格局,再学不出来的。你只听我说,你若真心要学,我这里有《王摩诘全集》,你且把他的五言律读一百首,细心揣摩透熟了,然后再读一二百首老杜的七言律,次再李青莲的七言绝句读一二百首。肚子里先有了这三个人作了底子,然后再把陶渊明、应玚、谢、阮、庾、鲍等人的一看。你又是一个极聪敏伶俐的人,不用一年的工夫,不愁不是诗翁了!"香菱听了,笑道:"既这样,好姑娘,你就把这书给我拿出来,我带回去夜里念几首也是好的。"黛玉听说,便命紫鹃将王右丞的五言律拿来,递与香菱,又道:"你只看有红圈的都是我选的,有一首念一首。不明白的问你姑娘,或者遇见我,我讲与你就是了。"香菱拿了诗,回至蘅芜苑中,诸事不顾,只向灯下一首一首的读起来。宝钗连催他数次睡觉,他也不睡。宝钗见他这般苦心,只得随他去了。

一日,黛玉方梳洗完了,只见香菱笑吟吟的送了书来,又要换杜律。黛玉笑道:"共记得多少首?"香菱笑道:"凡红圈选的我尽读了。"黛玉道:"可领略了些滋味没有?"香菱笑道:"领略了些滋味,不知可是不是,说与你听听。"黛玉笑道:"正要讲究讨论,方能长进。你且说来我听。"香菱笑道:"据我看来,诗的好处,有口里说不出来的意思,想去却是逼真的。有似乎无理的,想去竟是有理有情。"黛玉笑道:"这话有了些意思,但不知你从何处见得?"香菱笑道:"我看他《塞上》一首,那一联云:'大漠孤烟直,长河落日圆。'想来烟如何直?日自然是圆的:这'直'字似无理,'圆'字似太俗。合上书一想,倒象是见了这景的。若说再找两个字换这两个,竟再找不出两个字来。再还有'日落江湖白,潮来天地青':这'白''青'两个字也似无理。想来,必得这两个字才形容得尽,念在嘴里倒象有几千斤重的一个橄榄。还有'渡头余落日,墟里上孤烟':这'余'字和'上'字,难为他怎么想来!我们那年上京来,那日下晚便湾住船,岸上又没有人,只有几棵树,远远的几家人家做晚饭,那个烟竟是碧青,连云直上。谁知我昨日晚上读了这两句,倒象我又到了那个地方去了。"

正说着,宝玉和探春也来了,也都入座听他讲诗。宝玉笑道:"既是这样,也不用看诗。会心处不在多,听你说了这两句,可知'三昧'你已得了。"黛玉笑道:"你说他这'上孤烟'好,你还不知他这一句还是套了前人的来。我给你这一句瞧瞧,更比这个淡而现成。"说着便把陶渊明的"暧暧远人村,依依墟里烟"翻了出来,递与香菱。香菱瞧了,点头叹赏,笑道:"原来'上'字是从'依依'两个字上化出来的。"宝玉大笑道:"你已得了,不用再讲,越发倒学杂了。你就作起来,必是好的。"探春笑道:"明儿我补一个柬来,请你入社。"香菱笑道:"姑娘何苦打趣我,我不过是心里羡慕,才学着顽罢了。"探春、黛玉都笑道:"谁不是顽?难道我们是认真作诗呢!若说我们认真成了诗,出了这园子,把人的牙还笑倒了呢。"宝玉道:"这也算自暴自弃了。前日我在外头和相公们商议画儿,他们听见咱们起诗社,求我把稿子给他们瞧瞧。我就写了几首给他们看看,谁不真心叹服。他们都抄了刻去了。"探春、黛玉忙问道:"这是真话么?"宝玉笑道:"说谎的是那架上的鹦哥。"黛玉、探春听说,都道:"你真真胡闹!且别说那不成诗,便是成诗,我们的笔墨也不该传到外头去。"宝玉道:"这怕什么!古来闺阁中的笔墨不要传出去,如今也没有人知道了。"说着,只见惜春打发了入画来请宝玉,宝玉方去了。香菱又逼着黛玉换出杜律来,又央黛玉、探春二人:"出个题目,让我诌去,诌了来,替我改正。"黛玉道:"昨夜的月最好,我正要诌一首,竟未诌成,你竟作一首来。十四寒的韵,由你爱用那几个字去。"

香菱听了,喜的拿回诗来,又苦思一回作两句诗,又舍不得杜诗,又读两首。如此茶饭无心,坐卧不定。宝钗道:"何苦自寻烦恼。都是颦儿引的你,我和他算帐去。你本来呆头呆脑的,再添上这个,越发弄成个呆子了。"香菱笑道:"好姑娘,别混我。"一面说,一面作了一首,先与宝钗看。宝钗看了笑道:"这个不好,不是这个作法。你别怕臊,只管拿了给他瞧去,看他是怎么说。"香菱听了,便拿了诗找黛玉。黛玉看时,只见写道是:

月挂中天夜色寒,清光皎皎影团团。

诗人助兴常思玩,野客添愁不忍观。

翡翠楼边悬玉镜,珍珠帘外挂冰盘。

良宵何用烧银烛,晴彩辉煌映画栏。

黛玉笑道："意思却有，只是措词不雅。皆因你看的诗少，被他缚住了。把这首丢开，再作一首，只管放开胆子去作。"

香菱听了，默默地回来，越性连房也不入，只在池边树下，或坐在山石上出神，或蹲在地下抠土，来往的人都诧异。李纨、宝钗、探春、宝玉等听得此信，都远远地站在山坡上瞧看他。只见他皱一回眉，又自己含笑一回。宝钗笑道："这个人定要疯了！昨夜嘟嘟哝哝直闹到五更天才睡下，没一顿饭的工夫天就亮了。我就听见他起来了，忙忙碌碌梳了头就找颦儿去。一回来了，呆了一日，作了一首又不好，这会子自然另作呢。"宝玉笑道："这正是'地灵人杰'，老天生人再不虚赋情性的。我们成日叹说可惜他这么个人竟俗了，谁知到底有今日。可见天地至公。"宝钗笑道："你能够像他这苦心就好了，学什么有个不成的。"宝玉不答。

只见香菱兴兴头头的又往黛玉那边去了。探春笑道："咱们跟了去，看他有些意思没有。"说着，一齐都往潇湘馆来。只见黛玉正拿着诗和他讲究。众人因问黛玉作的如何。黛玉道："自然算难为他了，只是还不好。这一首过于穿凿了，还得另作。"众人因要诗看时，只见作道：

非银非水映窗寒，拭看晴空护玉盘。
淡淡梅花香欲染，丝丝柳带露初干。
只疑残粉涂金砌，恍若轻霜抹玉栏。
梦醒西楼人迹绝，余容犹可隔帘看。

宝钗笑道:"不像吟月了,月字底下添一个'色'字倒还使得,你看句句倒是月色。这也罢了,原来诗从胡说来,再迟几天就好了。"香菱自为这首妙绝,听如此说,自己扫了兴,不肯丢开手,便要思索起来。因见他姊妹们说笑,便自己走至阶前竹下闲步,挖心搜胆,耳不旁听,目不别视。一时探春隔窗笑说道:"菱姑娘,你闲闲罢。"香菱怔怔答道:"'闲'字是十五删的,你错了韵了。"众人听了,不觉大笑起来。宝钗道:"可真是诗魔了。都是颦儿引的他!"黛玉道:"圣人说,'诲人不倦',他又来问我,我岂有不说之理。"李纨笑道:"咱们拉了他往四姑娘房里去,引他瞧瞧画儿,叫他醒一醒才好。"

说着,真个出来拉了他过藕香榭,至暖香坞中。惜春正乏倦,在床上歪着睡午觉,画缯立在壁间,用纱罩着。众人唤醒了惜春,揭纱看时,十停方有了三停。香菱见画上有几个美人,因指着笑道:"这一个是我们姑娘,那一个是林姑娘。"探春笑道:"凡会作诗的都画在上头,快学罢。"说着,顽笑了一回。

各自散后,香菱满心中还是想诗。至晚间对灯出了一回神,至三更以后上床卧下,两眼鳏鳏,直到五更方才朦胧睡去了。一时天亮,宝钗醒了,听了一听,他安稳睡了,心下想:"他翻腾了一夜,不知可作成了?这会子乏了,且别叫他。"正想着,只听香菱从梦中笑道:"可是有了,难道这一首还不好?"宝钗听了,又是可叹,又是可笑,连忙唤醒了他,问他:"得了什么?你这诚心都通了仙了。学不成诗,还弄出病来呢。"一面说,一面梳洗了,会同姊妹往贾母处来。原来香菱苦志学诗,精血诚聚,日间做不出,忽于梦中得了八句。梳洗已毕,便忙碌出来,自己并不知好歹,便拿来又找黛玉。刚到沁芳亭,只见李纨与众姊妹方从王夫人处回来,宝钗正告诉他们说他梦中作诗说梦话。众人正笑,抬头见他来了,便都争着要诗看。

话说香菱见众人正说笑,他便迎上去笑道:"你们看这一首。若使得,我便还学,若还不好,我就死了这作诗的心了。"说着,把诗递与黛玉及众人看时,只见写道是:

精华欲掩料应难,影自娟娟魄自寒。
一片砧敲千里白,半轮鸡唱五更残。
绿蓑江上秋闻笛,红袖楼头夜倚栏。
博得嫦娥应借问,缘何不使永团圆!

众人看了笑道:"这首不但好,而且新巧有意趣。可知俗语说'天下无难事,只怕有心人',社里一定请你了。"香菱听了心下不信,料着是他们瞒哄自己的话,还只管问黛玉、宝钗等。

…………

如今香菱正满心满意只想作诗,又不敢十分啰唣宝钗,可巧来了个史湘云。那史湘云又是极爱说话的,那里禁得起香菱又请教他谈诗,越发高了兴,没日没夜高谈阔论起来。宝钗因笑道:"我实在聒噪的受不得了。一个女孩儿家,只管拿着诗作正经事讲起来,叫有学问的人听了,反笑话说不守本分的。一个香菱没闹清,偏又添了你这么个话口袋子,满嘴里说的是什么:怎么是杜工部之沉郁,韦苏州之淡雅,又怎么是温八叉之绮靡,李义山之隐僻。放着两个现成的诗家不知道,提那些死人做什么!"湘云听了,忙笑问道:"是那两个?好姐姐,你告诉我。"宝钗笑道:"呆香菱之心苦,疯湘云之话多。"湘云、香菱听了,都笑起来。

(选自《红楼梦》,人民文学出版社,1998年版)

【交流之窗】

香菱,心怀"造化"之愿,痴狂诚心学诗。黛玉,天资聪颖,真心智慧教诗。黛玉教诗有章。结构略作指点,内容重点指出读研经典、旨要立意,方法"讲究讨论"点拨鼓励,愿景鼓舞"不用一年的工夫,不愁不是诗翁"。香菱学诗痴心得法。真心拜师,认真请教,"精血诚聚"苦功学习,废寝忘食揣读经典,联系生活真切解诗,勇于尝试不断创作,终至记诵大量经典,创作"新巧有意趣"诗文,涵养美丽诗性!一部小说《红楼梦》,有多少"香菱学诗"式的精彩情节,多少香菱、黛玉样的文学形象,多少大观园"海棠诗社"吟诗作对、把玩生活的生命诗意!细读古今中外经典,我们领略到不一样的文学魅力,感受到不同的诗意人生!

词牌散文诗

许 淇

许淇,生于1937年,中国作协会员。

西子妆

"若把西湖比西子",著妆不著妆都一样。

若是雪黯天,山便昏昏,湖便洁净了。迷离的灯火映着孤山的题诗。

若是夕阳里荡舟,晚风水语阵阵,看岸边的树如人立,簪着半规新月嫣婉的侧影。

若是风潇潇浍漾恣纵,残荷的枝叶声声争响,影怒于潮,便聆闻空山之瑟了。

若是一路石径上天竺,万竿雨竹。诗僧真能在韬光巢构坞,望见生命之海汹涌么?

多少次在湖滨徘徊,已不记得哪次更令我感动。我总是向游人少处行,我总是寻找独自和你相对的时刻。

你本来应是一个人的风景。

当我是你的风景，我老了，西子却年轻。

还是当年露湿的石凳上，等候朋友逃课出游的柳浪闻莺么？还是当年我辈少年相约买鱼而登的楼外楼么？

还是我们喜欢的吴山？山下便是街，可数城居的屋脊么？可数黄昏铜街的丽人么？可数多少缕青青炊烟么？

还是淡妆！依旧淡妆！已非淡妆！

再没有波闲水淡的时候。"神飘忽而无所著"。据说西子终于傍大款陶朱公下海去了，如今你浓妆艳抹，世俗红绿，总不相宜。

如将西子喻为中国的司芬克斯，我已是她谜中的三条腿的动物，还是赶快躲开，以免被难解的人生之谜吞噬。

我的西子是我记忆中的一个人的风景。

我爱淡妆。已非淡妆！

雨霖铃

雨潇潇。

灯下，稿纸惨白。绿色的小蛾扑来，一阵焦死的绿雨。

窗外夜雨，看不见、触不着，像盲者只听见自己的手杖在人生的道途、在光明的边沿，敲着跫音。

一声远又一声近。

潇潇、淅淅、澌澌、沥沥……

最初的一滴落在盲诗人的眼睫毛上，像昆虫的敏锐的触须，感知世间的冷暖，于是他看见故去了的母亲的容颜和那温柔的泪光。

夜雨落在无人的深巷，如迟归的幽灵。

夜雨落在泊岸的乌篷，渔火朦胧，孤枕难眠。

夜雨落在金秋的桐叶上，吟笔哀弦谁听？

夜雨落在都会的街头，泼洒红灯绿酒……

夜雨落在江潮的起落消长里，雨曲急骤缓徐。

潇潇、淅淅、渐渐、沥沥……

夜雨落在心里。

灯下惨白的稿纸上滑动笔尖，犹如盲者的手杖探路，用紧锣密鼓全部的感知力量，升华人生坎坷。

（选自《散文诗世界》杂志，2006年第4期）

【交流之窗】

昔日西子啊，记忆中一个人的风景！无论阴晴雨雪，抑或春晓秋夕，素淡、雅致、洁净、静谧，令我沉迷。今日西子啊，已非淡妆，世俗尘嚣，不再相宜。你已不是我生命中的西子，我只有逃离！何止西子，周庄、西塘、丽江、大理，商业、物欲，遮蔽了昔日的天然，自然之美渐离远去！呼唤西子，吹奏一支回归精神家园的长笛！

霖霖，听雨。盲着的是眼睛，清晰的是心灵。是"听听"余光中隔着海峡的"冷雨",还是戴望舒悠长小巷的"寂寥的雨"?是李商隐的"留得枯荷听雨声",还是温庭筠的"梧桐树,三更雨……一叶叶,一声声,空阶滴到明"?夜深人静,雨让人思绪翻飞。洪荒宇宙,千山万水,雨的精灵洒在哪里,哪里就会激起生命的感发、诗意的灿美!

中国戏曲的虚实相生之美

戴 平

戴平,生于1942年,戏剧家。

戏曲的美学特征之一是对生活的虚拟。

明代戏剧家王骥德在《曲律》中指出:"戏剧之道,出之贵实,而用之贵虚。"这就是说,戏剧的基础是生活经验,而表现手法则是艺术虚拟。我们可以把中国戏曲的虚拟审美特征,概括为如下16个字:虚由实生,实仗虚行,以实为本,以虚为用。

另一位中国戏剧家,清代的李渔在《闲情偶寄》里则认为,做到虚实结合是"甚难"的:"此理甚难,非可言传,止堪意会。"事实上,李渔的意见倒是把虚与实的关系说得有点玄乎了。我以为,以实为本,以虚为用,既可意会,又可言传,既能目睹,又能耳闻。它在传统戏曲中,可以说是无所不在的。

演员的表演处处注意到虚拟,唱、做、念、打,既从生活出发,又不是生活的照搬。描写战争,探子第一次来报,敌军离城尚有100里,第二次来报,只有20里了,前后不过相隔几分钟;在紧要关头,追兵在即,夫妻却要抒情话别,缠绵悱恻地唱上一二十分钟。在《夫妻观灯》里，舞台上一盏花灯也没有出现，只有一男一女两个演员，通过一系列动作和演唱，把眼前遇见的一盏盏花灯在人物心中引起的反应，表现得淋漓尽致，使观众也仿佛身临其境，似乎也看到了形形色色的花灯，置身于热闹拥挤的元宵街头。这里，演员对街头闹市的花灯景色，采取了虚写，而对观灯的感受、感情的交流，则采取了实写。虚实结合，启发了观众的想象，舞台上的"意境"就传给了台下的观众。

《梁祝》中的十八相送，舞台上虽然没有布景，却借助于演员的歌唱、舞蹈、对话、眼神，移步换形，边唱边舞，把梁山伯送别祝英台一路上的复杂心情、各种景致，细腻生动地表现出来了。十八相送的地点环境是虚写，两人依依惜别的深情则是实写，尽管两人走来走去是在舞台上，但观众觉得梁山伯对祝英台的长途送别是真实可信的。这是由于做到了"虚由实生，实仗虚行"的缘故。

传统戏曲舞台上的布景很少，一般不设置逼真的布景。有的老艺人说："戏曲的布景在演员的身上。"舞台上的一桌二椅可以象征各种虚拟的物件。有时是金殿、衙门，有时是山坡，有时又是城楼、院墙、床铺。在京剧《阳平关》里，曹操站在山上观看曹将和黄忠、赵云在山下恶战，这座山就是用桌子来表现的。表现城门，用布画一个大致像城门的软景片子。《秋江》里的艄翁一支桨和陈妙常的摇曳的舞姿，使观众觉得满台是一江秋水。如果把一条船扛到台上，那么，艄翁与陈妙常载歌载舞的"妙境"就将完全被破坏，"无可绘"的"神境"同样见不到了。

但是，对于戏曲时空处理的虚拟性，不应强调得过于绝对。"出之贵实"这一面，还是不容忽视。即使道具，也是有虚有实、虚实结合。元帅升帐，有"三军司命"的大帐；县官升堂，有"明镜高悬"的堂匾；《空城计》有布城，以示城墙城门的存在；《武松打店》有"十字坡"的幌子，以意味客店的存在。《秋江》老艄翁划船，船是虚的，桨是实的；《拾玉镯》中针线、小鸡是虚的，玉镯却是实的；《走单骑》中关羽一刀杀八个是虚的，《武松打店》中武松手里那柄银光闪闪的匕首却是实的。有些道具，则是半虚半实、半真半假的。例如杯、笔、灯，都是在和整个舞台艺术风格统一的原则下不可缺少的道具。但是喝酒时，杯子里并没有酒。由此可见，片面强调剧情环境完全带在演员的身上，那也会使戏曲的虚拟失去了生活的基础。著名戏剧理论家马少波说得好："实而不虚，必浊；虚而不实，必浮。"缺乏生活基础的虚拟，必然会"浮"起来，虚拟变成虚假。虚拟不是目的，虚从实来，虚拟是为了更好地写实。

戏曲运用虚拟手法，是有条件的。何者该虚，何者当实，主要取决于剧情和表演的需要。在这一出戏里可以虚多实少，在另一出戏里却不妨实多虚少，大可不必强求一律。戏曲舞台强调虚拟手法是对的，但也不必一概拒绝布景道具。昆曲《思凡》可以一点布景也没有；川剧《评雪辨踪》，一把椅子可以表示窑门，吕蒙正把身子一弯，朝里一钻，就算进了窑门；但越剧《红楼梦》里布景堂皇，华丽精致，同样大受欢迎。观众看后，觉得整出戏的风格依旧是写意的。河北梆子剧院在新编神话剧《钟馗》中，把写意与写实结合起来运用。天幕上的幻灯投影，虚中有实，实里透虚，同演员的表演互相映衬，产生了情景交融的艺术效果。

戏曲的虚拟的美学特征，最大的好处是避免了表演的自然主义弊病。戏剧并不要求把它的作品当作现实。因为舞台上的生活，不是现实生活的简单翻版。高尔基说过："自然主义只是机械地指出——记录——真实；自然主义是照相师的手艺，而照相师只能——比方说——拍摄一副苦笑的脸，可是为了表现一副讥笑的或愉快的笑脸，他就必须照了又照。所以在这些照片中多少是'真实'的，然而这种'真实'只能在人的痛苦、愤怒或愉快的一刹那才有。但是，照相师和自然主义者对于描写人的错综复杂的真实是无能为力的。"而戏曲的虚拟对于表现错综复杂的真实却是大有可为的。一曲《牡丹亭》，忽生忽死，忽梦忽醒，奇趣迭出，惊心动魄；《大闹天宫》里的孙悟空，一个筋斗翻了十万八千里；《天仙配》中的织女，用碎细的台步、飘舞的水袖和腰身的摆动，给人以一种凌空蹈虚、冉冉而去的感觉；《苏三起解》唱了几十分钟的戏，走了四百里路；丑行和净行的脸谱远远不同于生活中的真实面貌……虚拟的特征渗透到了戏曲的唱、做、念、打中间，具有无限的魅力，这当然是为自然主义的再现所无法比拟的。

戏曲的虚拟也有它的局限性。它不能对其所需反映的一切生活都具有充分的表现力，特别是演现代戏，虚与实的矛盾更突出了。身穿羽绒服的青年在舞台上，自然不能用传统戏的开门动作；但是，倘若舞台上的走路与生活中的走路一模一样，那又失去了戏曲的韵味；生硬地把迪斯科、电子音乐插入戏曲，那自然不需费大的力气，但也不见得贴切有味。时代在前进，戏曲要革新，观众的"虚实观"也会随之发生变化。如何根据"以实为本，以虚为用"的原则，在戏曲舞台上创造出新的形象、新的程式，就有待于广大戏曲工作者的努力了。

（选自《戏剧美》，湖北教育出版社，1992年版）

【交流之窗】

中国戏曲具有怎样的"虚拟"审美特征？虚由实生，实仗虚行，以实为本，以虚为用。"虚由实生，实仗虚行"，虚拟意境由真实表演产生，真实表演靠虚拟意境推进。传统舞台少置布景，通过演员"真实"表演，呈现"虚拟"布景，达到"无可绘的妙境"。"以实为本，以虚为用"，以真实演员表演为根本，以虚拟意境烘托为应用。虚拟是为了更好写实，戏曲时空虚拟并不绝对，片面强调剧情环境带在演员身上，会失去生活基础。戏曲虚拟主要取决于剧情和表演需要，只有写意、写实自然结合，才能情景交融。"境生于象外"，艺术通过"象"（实）传达"境"（虚），由实入虚，由虚悟实，形成具有意中之境的境界。

《人间词话》八则

王国维

⊙ 王国维　莫丹绘

王国维（1877—1927），近代著名学者。

　　本篇所选的八则，按内容可分为三方面。第一则，借用形象的比喻描述艺术创作或学术研究的历程。第二至五则，从不同的角度论境界问题。最后三则谈论诗人的思想和艺术修养。

　　古今之成大事业、大学问者，必经过三种之境界："昨夜西风凋碧树，独上高楼，望尽天涯路。"此第一境也。"衣带渐宽终不悔，为伊消得人憔悴。"此第二境也。"众里寻他千百度，蓦然回首，那人却在，灯火阑珊处。"此第三境也。此等语皆非大词人不能道。然遽以此意解释诸词，恐为晏、欧诸公所不许也。

　　有有我之境，有无我之境。"泪眼问花花不语，乱红飞过秋千去""可堪孤馆闭春寒，杜鹃声里斜阳暮"，有我之境也。"采菊东篱下，悠然见南山""寒波澹澹起，白鸟悠悠下"，无我之境也。有我之境，以我观物，故物皆着我之色彩。无我之境，以物观物，故不知何者为我，何者为物。古人之词，写有我之境者为多，然非不能写无我之境，此在豪杰之士能自树立耳。

境非独谓景物也,喜怒哀乐亦人心中之一境界。故能写真景物、真喜怒哀乐者谓之有境界,否则谓之无境界。

"红杏枝头春意闹",著一"闹"字而境界全出。"云破月来花弄影",著一"弄"字而境界全出矣。

境界有大小,然不以是而分高下。"细雨鱼儿出,微风燕子斜",何遽不若"落日照大旗,马鸣风萧萧"。"宝帘闲挂小银钩",何遽不若"雾失楼台,月迷津渡"也。

东坡之词旷,稼轩之词豪。无二人之胸襟而学其词,犹东施之效捧心也。

诗人对宇宙人生,须入乎其内,又须出乎其外。入乎其内,故能写之。出乎其外,故能观之。入乎其内,故有生气。出乎其外,故有高致。

诗人必有轻视外物之意,故能以奴仆命风月。又必有重视外物之意,故能与花鸟同忧乐。

(选自《人间词话》,人民文学出版社,1982年版)

【交流之窗】

王国维提到的人生三境界,先要在孤独迷茫中怀揣梦想,接着要忍受孤独、寂寞,还要默默拼搏,那么,幸福和成功就在不知不觉间悄然来临。你是否有过类似的感受?

文中谈到的"有我之境"是感情强烈,融情入景;"无我之境"是在宁静中得到的感觉。你熟知的诗歌中有没有这两种境界的典范?

作者认为"写真景物、真喜怒哀乐者谓之有境界"。"情真"尤为重要,一些大家能"感自己所感,言自己之言"。所谓的"真",不仅仅是真切的一己之情,而且是诗人对宇宙万物、人生本质、人类命运的终极关怀和体悟,是诗人"不失其赤子之心""以血书者"之感情,这才是王国维所向往的最高的"真"。这些对你的写作有什么启发?

第六编
书画乐舞

⊙ 秦秋寒印

  人生之路，布满坎坷荆棘，也铺撒着绿荫鲜花；人生之海，汹涌滔天巨浪，也荡漾着轻波微澜；人生山林，盘踞狼虫虎豹，也弥漫着阳光馨香。海子说：从明天起，关心粮食和蔬菜，我有一所房子，面朝大海，春暖花开！我们说，要关心当下的生活，关注精神的世界：即使世界一片荒芜，只要心灵开满鲜花，到处都有鸟语花香；如果世界阳光灿烂，而心灵花园一片荒芜，一切也都会被黑暗笼罩。让我们张开探寻的眼睛，寻找世界的美吧！

  阅读本编，你会看到，有个流浪的精灵在远方呼唤你，给你带来一幕青石小弄台门深、乌瓦粉檐廊棚长的遍地市肆的江南风景；你会看到，年过不惑的丘吉尔手握画笔，在洁白的画纸上挥毫泼墨，肆意表达自己对美的畅想；你会看到，南国佳人在美妙的音乐声中曼妙起舞，时而轻快，时而缓慢，一颦一笑，婉约动人；你会看到，在丰子恺的带领下，你正穿越中国和西方的绘画长廊，寻找其中的精妙和诗意；你会看到，里尔克耐心地拉着你的手，跟你"论山水"，让你知道，山水如何成为"人的情感寄托与比喻"。

  如果你觉得孤独，空虚，无所依靠，那么，就给自己一个机会，欣赏一幅图画，聆听一支小曲，培养一种兴趣，爱上一门艺术，升华一种人生！书画乐舞，作为美的不同形式，以各自独到的内涵和意境滋养我们的精神，净化我们的灵魂，升华我们的生命！

五柳先生说，只爱饮酒，平生一大乐事；庄子告诉我们，天地有大美而不言！行走天地间，我们往往孤独，在这漫长的人生之路上，何不培养一种兴趣、领略一种情致、享受一种生命呢？一支笔、一方墨、一幅画、一首曲，便是一片天地，五彩缤纷，美不胜收，尽情欣赏啊！

流浪的二胡

陈荣力

陈荣力，生于1963年，现代作家。

有一个精灵，漂泊如三春之水，清冷似冬夜之月；有一个精灵，惆怅如初夏细雨，幽怨似深秋桂子；有一个精灵，注定了永远都在流浪，这个精灵就是二胡，江南，流浪的二胡。

蒙古包、轱辘车、风吹草低见牛羊的大草原注定了是马头琴的摇篮；红高粱、信天游、大风起兮云飞扬的黄土高坡，天生就是唢呐的世界；而杨柳岸、乌篷船、小桥流水绕人家的江南则永远是二胡生生不息的磁场。一方水土养一方人，一方风情亦孕育着一方乐器的生长，只是我们不知道，当初的当初，是江南选择了二胡，还是二胡选择了江南。

其实二胡之于江南，恰如杏花春雨之于江南一般的诗意和绵长。虽然在高山流水里，我们只见过钟子期的那具焦尾琴；在浔阳江边，我们也只抱过白居易的那柄琵琶；虽然在众多的唐诗宋词元曲明剧里，我们很难聆听二胡的那一声低泣，触到二胡的那一脉无奈，但是谁能说，有了焦尾琴有了琵琶，二胡就没有在江南寂寞地流浪呢？

六朝金粉、王谢侯府的秦淮，有着太多的声色犬马，那不是二胡弦线上开的花；三秋桂子、十里荷花的钱塘，有着太浓的绮丽繁华，那也不是二胡琴弓中跳动的节拍。纤道、乌篷、台门、廊棚、雨巷、石桥、茶肆、谷场，注定了是二胡流浪的行脚。流浪本不属于墨客骚人、显贵官宦。流浪的二胡注定只是百姓黎民、俗子凡夫欢乐中开放的花，悲愁里流淌的画；流浪的二胡天生就是贩夫走卒、商贾戏子开心时的道具，潦倒间的支撑。

我们真的不知道二胡从什么时候开始在江南流浪，我们只知道当如水的月色浸淫深秋桂子的时候，当稠密的细雨婆娑河边芭蕉的时候，当多情的晚风掸拂台门石桥的时候，当散漫的炊烟缭绕乡野谷场的时候，二胡便开始在江南流浪。当流浪的二胡宿命地遇上那个人后，它的流浪更被无端地浓缩聚集了，更被无限地扩散放大了。那个叫瞎子阿炳的人正像一个巫师，二胡遇上他，从此便再也停不下流浪的步伐。

《二泉映月》的音符如泉眼汩汩洇漫，我们知道那流浪着的该是一种无奈；《病中吟》的曲调如泪水缓缓渗出，我们知道那流浪着的分明是一种悲凉；《良宵》的节拍如思念浓浓笼罩，我们知道那流浪着的更是一种彻骨的沧桑。那样的流浪已不是二胡的流浪、音乐的流浪，那样的流浪是一个灵魂的流浪、一方土地的流浪，那样的流浪是一个时代的流浪、一个民族的流浪。

流浪的二胡总要催生众多流浪的心灵，催放众多流浪的花，瞎子阿炳是一个极致。然而在江南，在青石小弄台门深、乌瓦粉檐廊棚长的遍地市肆的江南，在春草池塘蛙鼓稠、莺雏声里碧禾浓的处处乡野的江南，类似因了二胡而流浪的心灵和生命何止阿炳呢？在我的故乡，号称"阿炳第二"的民间盲艺人孙文明，便是另一朵绚丽的流浪之花。4岁失明，从小父母双亡的孙文明，12岁时便从故乡的曹娥江边出发漂泊江南，颠沛流离里，他的二胡声响彻了大半个江南。虽然《流波曲》《四方曲》《人静心安》等，使他由一个民间流浪艺人，走上了上海音乐学院民乐系讲授二胡的讲台，但流浪了一辈子的孙文明，最终还因积劳成疾过早地客死于上海奉贤异乡，一朵绚丽的二胡之花、流浪之花只开放了短短34年。从阿炳到孙文明，到江南市肆和乡野里众多生生灭灭的流浪的灵魂，我们不得不伤感地承认，在江南丝竹中，二胡也许最具有悲剧性格。这种悲剧不知是因了二胡注定属于流浪的本性，还是因了太多流浪灵魂的挥洒。

器乐是一方水土的精灵，是一盈风情的血脉，更是一个时代一种文化的魂魄。曾几何时，当迪斯科的鼓点如异域的马蹄敲击江南的市肆，当萨克斯的梦呓如东渐的西风弥漫江南的乡野，我们几乎再也见不到流浪的二胡，再也找不到那些流浪的行脚时，我们才蓦然醒悟。其实，流浪不仅仅只是一种悲苦一种困顿、一种沧桑一种无奈，流浪更是一种忍耐一种坚韧、一种奋进一种抗争，流浪是生命另一种鲜活的姿态，而鲜活的姿态是永远都不能消解的。

（选自《流浪的二胡》，新疆人民出版社，2006年版）

【交流之窗】

有一个精灵,注定了永远都在流浪。二胡的世界,从阿炳到孙文明,蕴含了多少悲剧色彩的故事?那一曲曲扣人心弦的乐章,那一声声嘶哑的呐喊,那一段段悲伤的传说,那一个个寄托在二胡里的灵魂,无数次聆听之际,我们知道,那已不是一个灵魂、一方土地的流浪,那是一个时代、一个民族的流浪,那里蕴含着一种沧桑,一种忍耐,一种坚韧!我多想拿起二胡,再一次和那流浪的灵魂相碰撞!

二胡,最具有中华民族特征的乐器,曾承载了悲剧的流浪灵魂、悲苦、沧桑、无奈。在中西方音乐文化碰撞交流频繁的今天,是不是该给这凄怆的流浪二胡,更多地赋予另一种鲜活的姿态——坚韧、奋进、抗争?流浪的二胡,是潦倒间的支撑,更是新时代中华民族艺术的坚守!

我与绘画的缘分

丘吉尔　　王汉文　译

温斯顿·丘吉尔（1874—1965），英国政治家、历史学家、画家、作家。

正年至四十而从未握过画笔，老把绘画视为神秘莫测之事，然后突然发现自己投身到了一个颜料、调色板和画布的新奇兴趣中去了，并且成绩还不怎么叫人丧气——这可真是个奇异而又大开眼界的体验。我很希望别人也能分享到它。

为了得到真正的快乐，避免烦恼和脑力的过度紧张，我们都应该有一些嗜好。它们必须都很实在，其中最好最简易的莫过于写生画画了。这样的嗜好在一个最苦闷的时期搭救了我。1915年5月末，我离开了海军部，可我仍是内阁和军事委员会的一个成员。在这个职位上，我什么都知道，却什么都不能干。我有一些炽烈的信念，却无力去把它们付诸实现。那时候，我全身的每根神经都热切地想行动，而我却只能被迫赋闲。

而后，一个礼拜天，在乡村里，孩子们的颜料盒来帮我忙了，我用他们那些玩具水彩颜料稍一尝试，便促使我第二天上午去买了一整套油画器具。下一步我真的动手了。调色板上闪烁着一摊摊颜料；一张崭新的白白的画布摆在我的面前；那支没蘸色的画笔重如千斤，性命攸关，悬在空中无从落下。我小心翼翼地用一支很小的画笔蘸了一点点蓝颜料，然后战战兢兢地在咄咄逼人的雪白画布上画了大约像一颗小豆子那么大的一笔。恰恰那时候听见车道上驶来了一辆汽车，而且车里走出的不是别人，正是著名肖像画家约翰·赖弗瑞爵士的才华横溢的太太。

"画画？不过你还在犹豫什么哟！给我一支笔，要大的。"她把画笔扑通一声浸进松节油，继而扔进蓝色和白色颜料中，就在我那块调色板上疯狂地搅拌了起来，然后在吓得簌簌直抖的画布上恣肆汪洋地涂了好几笔蓝颜色。紧箍咒被打破了。我那病态的拘束烟消云散了。我抓起一支最大的画笔，雄赳赳气昂昂地朝我的牺牲品扑了过去。打那以后，我再也不怕画布了。

这个胆大妄为的开端是绘画艺术极重要的一个部分。我们不要野心太大，我们并不希冀传世之作，能够在一盒颜料中其乐陶陶，我们就心满意足了。而要这样，大胆则是唯一的门券。

我不想说水彩颜料的坏话，可是实在没有比油画颜料更好的材料了。首先，你能比较容易地修改错误。调色刀只消一下子就能把一上午的心血从画布上清除干净；对表现过去的印象来说，画布反而来得更好。其次，你可以从各种途径达到自己的目的。假如开始时你采用适中的色调来进行一次适度的集中布局，而后心血来潮时，你也可以大刀阔斧，尽情发挥。最后，颜色调弄起来真是太妙了。假如你高兴，可以把颜料一层一层地加上去，你可以改变计划去适应时间和天气的要求。把你所见的景象跟画面相比较简直令人着迷。假如你还没有那么干过的话，在你归天以前不妨试一试。

当一个人开始慢慢地不感到选择适当的颜色、用适当的手法、把它们画到适当的位置上去是一种困难时，我们便面临更广泛的思考了。人们会惊讶地发现在自然景色中还有那么许多以前从未注意到的东西。每当走路乘车时，附加了一个新目的，那可真是新鲜有趣之极。山丘的侧面有那么丰富的色彩，在阴影处和阳光下迥然不同；水塘里闪烁着如此耀眼夺目的反光，光波在一层一层地淡下去；那种表面和边缘镀金镶银般的光亮真是美不胜收。我一边散步，一边留心着叶子的色泽和特征，山峦那迷梦一样的紫色，冬天的枝干的绝妙的边线，以及遥远的地平线的暗白色的剪影，那时候，我便本能地意识到了自己。我活了40多岁，除了用普通的眼光，从未留心过这一切。好比一个人看着一群人，只会说"人可真多啊！"一样。

我以为，这种对自然景色观察能力的提高，便是我从学画中得来的最大乐趣之一。假如你观察得极其精细入微，并把你所见的情景相当如实地描绘下来，结果画布上的景象就会惊人的逼真。

嗣后，参观美术馆便出现了一种新鲜的——至少对我如此——极其实际的兴趣。你看见了昨天阻碍过你的难点，而且你看见这个难点被一个绘画大师那么轻而易举地就解决了。你会用一种剖析的理解的眼光欣赏一幅艺术杰作。

一天，偶然的机缘把我引到马赛附近的一个偏僻角落里，我在那遇见了塞尚的两位门徒。在他们眼中，自然景色是一团闪烁不定的光，在这里形体与表面并不重要，几乎不为人所见，人们看到的只是色彩的美丽与和谐对比。这些彩色的每一个小点都放射出一种眼睛感受得到却不明其原因的强光。你瞧，那大海的蓝色，你怎么能描摹它呢？当然不能用现成的任何单色。临摹那种深蓝色的唯一办法，是把跟整个构图真正有关的各种不同颜色一点一点地堆砌上去。难吗？可是迷人之处也正在这里！

我看过一幅塞尚的画，画的是一座房里的一堵空墙。那是他天才地用最微妙的光线和色彩画成的。现在我常能这样自得其乐：每当我盯着一堵墙壁或各种平整的表面时，便力图辨别从中能看出的各种各样不同的色调，并且思索着这些色调是反光引起的呢，还是出于天然本色。你第一次这么试验时，准会大吃一惊，甚至在最平凡的景物上你都能看见那么许多如此美妙的色彩。

所以，很显然地，一个人被一盒颜料装备起来，他便不会心烦意乱，或者无所事事了。有多少东西要欣赏啊，可观看的时间又那么的少！人们会第一次开始去嫉妒梅休赛兰。

注意到记忆在绘画中所起的作用是有趣的。当惠斯特勒在巴黎主持一所学校时，他要他的学生们在一楼观察他们的模特儿，然后跑上楼，到二楼去画他们的画。当他们比较熟练时，他就把他们的画架放高一层楼，直到最后那些高才生必须拼命奔上六层楼梯到顶楼里去作画。

所有最伟大的风景画常常是在最初的那些印象归纳起来好久以后在室内画出来的。荷兰或者意大利的大师在阴暗的地窖里重现了尼德兰狂欢节上闪光的冰块,或者威尼斯的明媚阳光。所以,这就要求对视觉形象具有一种惊人的记忆力。就发展一种受过训练的精确持久的记忆力来说,绘画是一种十分有效的锻炼。

另外,作为旅游的一种刺激剂,实在没有比绘画更好的了。每天排满了有关绘画的远征和实践——既省钱易行,又能陶情养性。哲学家的宁静享受替代了旅行者的无谓的辛劳。你走访的每一个国家都有它自己的主调,你即使见到了也无法描摹它,但你能观察它,理解它,感受它,也会永远地赞美它。不过,只要阳光灿烂,人们是大可不必出国远行的。业余画家踌躇满志地从一个地方到另一个地方东游西荡,老在寻觅那些可以入画可以安安稳稳带回家的迷人胜景。

作为一种消遣,绘画简直十全十美了。我不知道还有什么在不精疲力竭消耗体力的情况下比绘画更使人全神贯注的了。不管面临何等样的目前的烦恼和未来的威胁,一旦画面开始展开,大脑屏幕上便没有它们的立足之地了。它们退隐到阴影黑暗中去了,人的全部注意力都集中到了工作上面。当我列队行进时,或者……说来遗憾,在教堂里一次站上半个钟点时,我总觉得这种站立的姿势对男人来说很不自在,老那么硬挺着只能使人疲惫不堪而已。可是却没有一个喜欢绘画的人接连站三四个钟点画画会感到些微的不适。

买一盒颜料,尝试一下吧。假如你知道充满思想和技巧的神奇新世界,一个阳光普照色彩斑斓的花园正近在咫尺等待着你,与此同时你却用高尔夫和桥牌消磨时间,那真是太可怜了。惠而不费,独立自主,能得到新的精神食粮和锻炼,在每个平凡的景色中都能享有一种额外的兴味,使每个空闲的钟点都很充实,都是一次充满了销魂荡魄般发现的无休止的航行——这些都是崇高的褒赏。我希望它们也能为你所享有。

(选自《人与审美》,北京师范大学出版社,2011年版)

【交流之窗】

"为了得到真正的快乐,避免烦恼和脑力的过度紧张,我们都应该有一些嗜好。"兴趣和爱好可以填补我们枯燥的生活,古语有言,君子当修身、齐家、治国、平天下。可现实生活中并不是每个人都有机会时时去做"平天下"的大事,而有几样雅趣却足能使我们内心充实,淡定,内秀。所以,如丘吉尔所言,"买一盒颜料,尝试一下吧",让你的想象和构思着墨纸上,收获一个七彩斑斓的世界。

长沙九日登东楼观舞

李群玉

李群玉（808—862），晚唐诗人，极有诗才。

南国有佳人，轻盈绿腰舞。
华筵九秋暮，飞袂拂云雨。
翩如兰苕翠，宛如游龙举。
越艳罢前溪，吴姬停白纻。
慢态不能穷，繁姿曲向终。
低回莲破浪，凌乱雪萦风。
坠珥时流眄，修裾欲溯空。
唯愁捉不住，飞去逐惊鸿。

（选自《全唐诗》，中华书局，1999年版）

【交流之窗】

诗歌为我们生动地描述了一位舞姿轻盈的南国佳人，在天地间自由舞蹈：你看，在华美的筵席之上，她甩动衣袖，云雨轻飞；

姿态翩翩，柔宛如龙；曼妙无限，低回如青莲破浪；曲舞和谐，繁复若瑞雪风吹；耳饰飘动，眼神流盼多情；裙裾轻卷，欲向灵空回溯。好一派穿越千古的神异之舞！

中国画与西洋画

丰子恺

东西洋文化，根本不同。故艺术的表现亦异。大概东洋艺术重主观，西洋艺术重客观。东洋艺术为诗的，西洋艺术为剧的。故在绘画上，中国画重神韵，西洋画重形似。两者比较起来，有下列的五个异点：

（一）中国画盛用线条，西洋画线条都不显著。线条大都不是物象所原有的，是画家用以代表两物象的境界的。例如中国画中，描一条蛋形线表示人的脸孔，其实人脸孔的周围并无此线，此线是脸与背景的界线。又如画一曲尺形线表示人的鼻头，其实鼻头上也并无此线，此线是鼻与脸的界线。又如山水、花卉等，实物上都没有线，而画家盛用线条。山水中的线条特名为"皴法"（皴法：中国画技法之一，用以表现山石和树皮的纹理）。人物中的线条特名为"衣褶"。都是艰深的研究工夫。西洋画就不然，只有各物的界，界上并不描线。所以西洋画很像实物，而中国画不像实物，一望而知其为画。盖中国书画同源，作画同写字一样，随意挥洒，披露胸怀。19世纪末，西洋人看见中国画中线条的飞舞，非常赞慕，便模仿起来，即成为"后期印象派"

(详见作者《艺术修养基础》一书中《西洋画简史》篇)。但后期印象派以前的西洋画,都是线条不显著的。

(二)中国画不注重透视法,西洋画极注重透视法。透视法,就是在平面上表现立体物。西洋画力求肖似真物,故非常讲究透视法。试看西洋画中的市街、房屋、家具、器物等,形体都很正确,竟同真物一样。若是描走廊的光景,竟可在数寸的地方表出数丈的距离来。若是描正面的(站在铁路中央眺望的)铁路,竟可在数寸的地方表出数里的距离来。中国画就不然,不欢喜画市街、房屋、家具、器物等立体相很显著的东西,而欢喜写云、山、树、瀑布等远望如天然平面物的东西。偶然描房屋器物,亦不讲究透视法,而任意表现。例如画庭院深深的光景,则曲廊洞房,尽行表示,好似飞到半空中时所望见的;且又不是一时间所见,却是飞来飞去,飞上飞下,几次所看见的。故中国画的手卷,山水连绵数丈,好像是火车中所见的。中国画的立幅,山水重重叠叠,好像是飞机中所看见的。因为中国人作画同作诗一样,想到哪里,画到哪里,不能受透视法的拘束。所以中国画中有时透视法会弄错。但这弄错并无大碍。我们不可用西洋画的法则来批评中国画。

(三)东洋人物画不讲解剖学,西洋人物画很重解剖学。解剖学,就是人体骨骼筋肉的表现形状的研究。西洋人作人物画,必先研究解剖学。这解剖学英名曰:anatomy for art students,即艺术解剖学。其所以异于生理解剖学者,是因为生理解剖学讲人体各部的构造与作用,艺术解剖学则专讲表现形状。但也须记诵骨骼筋肉的名称及其形状的种种变态，是一种艰苦的学问。但西洋画家必须学习。因为西洋画注重写实，必须描得同真的人体一样。但中国人物画家从来不需要这种学问。中国人画人物，目的只在表出人物的姿态的特点，却不讲人物各部的尺寸与比例。故中国画中的男子，相貌奇古，身首不称。女子则蛾眉樱唇，削肩细腰。倘把这些人物的衣服脱掉，其形可怕。但这非但无妨，却是中国画的好处。中国画欲求印象的强烈，故扩张人物的特点，使男子增雄伟，女子增纤丽，而充分表现其性格。故不用写实法而用象征法。不求形似，而求神似。

（四）中国画不重背景，西洋画很重背景。中国画不重背景，例如写梅花，一枝悬挂空中，四周都是白纸。写人物，一个人悬挂空中，好像驾云一般。故中国画的画纸，留出空白余地甚多。很长的一条纸，下方描一株菜或一块石头，就成为一张立幅。西洋画就不然，凡物必有背景，例如果物，其背景为桌子。人物，其背景为室内或野外。故画面全部填涂，不留空白。中国画与西洋画这点差别，也是由于写实与传神的不同而生。西洋画重写实，故必描背景。中国画重传神，故必删除琐碎而特写其主题，以求印象的强明。

（五）东洋画题材以自然为主，西洋画题材以人物为主。中国画在汉代以前，也以人物为主要题材。但到了唐代，山水画即独立。一直到今日，山水常为中国画的正格。西洋自希腊时代起，一直以人物为主要题材。中世纪的宗教画，大都以群众为题材。例如《最后的审判》《死之胜利》等，一幅画中人物不计其数。直到19世纪，方始有独立的风景画。风景画独立之后，人物画也并不让位，裸体画在今日仍为西洋画的主要题材。

上述五条，是中国画与西洋画的异点。由此可知中国画趣味高远，西洋画趣味平易。故为艺术研究，西洋画不及中国画的精深。为民众欣赏，中国画不及西洋画的普通。

【交流之窗】

中国人讲究"内敛"，故中国画以形写神；西方人崇尚"理性"，故西洋画追求实用。在不同的文化背景下，这两种绘画风格各有千秋，备受大家喜欢。但是在作家兼漫画家丰子恺的笔下，他娓娓道来，为人们分析中国画和西洋画的不同，他认为，中国画趣味高远，西洋画趣味平易，故艺术研究，西洋画不及中国画精深；为民众欣赏，中国画不及西洋画普通。对此你怎么看？

论山水

里尔克　冯　至　译

赖内·马利亚·里尔克（1875—1962），奥地利诗人。

关于古希腊的绘画，我们知道得很少；但这并不会是过于大胆的揣度，它看人正如后来的画家所看的山水一样。在一种伟大的绘画艺术不朽的纪念品陶器画上，周围的景物只不过注出名称（房屋或街道），几乎是缩写，只用字头表明；但裸体的人却是一切，他们像是担有满枝果实的树木，像是盛开的花丛，像是群鸟鸣啭的春天。那时人对待身体，像是耕种一块田地，为它劳作像是为了收获，有它正如据有一片良好的地基，它是直观的、美的，是一幅画图，其中一切的意义，神与兽、生命的感官都按着韵律的顺序运行着。那时，人虽已赓续了千万年，但自己还觉得太新鲜，过于自美，不能超越自身而置自身于不顾。山水不过是：他们走过的那条路，他们跑过的那条道，希腊人的岁月曾在那里消磨过的所有的剧场和舞场；军旅聚集的山谷，冒险离去、年老充满惊奇的回忆而归来的海港；佳节继之以灯烛辉煌、管弦齐奏的良宵，朝神的队伍和神坛畔的游行——这都是"山水"，人在里边生活。但是，那座山若没有人体形的群神居住，那座山岬，若没有矗立起远远入望的石像，以及那山坡牧童从来没有到过。这都是生疏的，——它们不值得一谈。一切都是舞台，在人没有登台用他身体上快乐或悲哀的动作充实这场面的时候，它是空虚的。一切在等待人，人来到什么地方，一切就都退后，把空地让给他。

基督教的艺术失去了这种同身体的关系，并没有因而真实地接近山水；人和物在基督教的艺术中像是字母一般，它们组成有一个句首花体字母的漫长而描绘工妍的文句。人是衣裳，只在地狱里有身体；"山水"也不应该属于尘世。几乎总是这样，它在什么地方可爱，就必须意味着天堂；它什么地方使人恐怖，荒凉冷酷，就算作永远被遗弃的人们放逐的地方。人已经看见它；因为人变得狭窄而透明了，但是以他们的方式仍然这样感受"山水"，把它当作一段短短的暂驻，当作一带蒙着绿草的坟墓，下边连系着地狱，上边展开宏伟的天堂作为万物所愿望的、深邃的、本来的真实。现在因为忽然有了三个地方、三个住所要经常谈到：天堂、尘世、地狱，——于是地狱的判定就成为迫切必要的了，并且人们必须观看它们，描绘它们：在意大利的早期的画师中间产生了这种描画，超越他们本来的目的，达到完美的境界；我们只想一想皮萨城圣陵中的壁画，就会感觉到那时对于"山水"的理解，已经含有一些独立性了。诚然，人还是想指明一个地方，没有更多的用意，但他用这样的诚意与忠心去做，用这样引人入胜的谈锋，甚至像爱者似的叙说那些与尘世、与这本来被人所怀疑而拒绝的尘世相关联的万物——我们现在看来，那种绘画宛如一首对于万物的赞美诗,圣者们也都齐声和唱。并且人所看的万物都很新鲜,甚至在观看之际,就联系着一种不断的惊奇和收获丰富的欢悦。那是自然而然的,人用地赞美天,当他全心渴望要认识天的时候,他就熟识了地。因为最深的虔心像是一种雨:它从地上升发,又总是落在地上,而是田地的福祉。

人这样无意地感到了温暖、幸福和那从牧野、溪涧、花坡以及从果实满枝、并排着的树木中放射出来的光彩,他如果画那些圣母像,他就用这些宝物像是给她们披上一件氅衣,像是给她们戴上一项冠冕,把"山水"像旗帜似的展开来赞美她们;因为他对于她们还不会备办更为陶醉的庆祝,还不认识能与此相比的忠心:把一切刚刚得到的美都贡献给她们,并且使之与她们溶化。这时再也不想是什么地方,也不想天堂,起始歌咏山水有如圣母的赞诗,它在明亮而清晰的色彩里鸣响。

但同时有一个大的发展:人画山水时,并不意味着是"山水",却是他自己;山水成为人的情感的寄托,人的欢悦、素朴与虔诚的比喻。它成为艺术了。雷渥那德·达·芬奇就这样接受它。他画中的山水都是他最深的体验和智慧的表现,是神秘的自然律含思自鉴的蓝色的明镜,是有如"未来"那样伟大而不可思议的远方。雷渥那德·达·芬奇最初画人物就像是画他的体验、画他寂寞地参透了的命运,所以这并非偶然,他觉得山水对于那几乎不能言传的经验、深幽与悲哀,也是一种表现方法。无限广泛地去运用一切艺术,这种特权就赋予这位许多后来者的先驱了；像是用多种的语言，他在各样的艺术中述说他的生命和他生命的进步与辽远。

还没有人画过一幅"山水"像是《蒙娜丽莎》深远的背景那样完全是山水，而又如此是个人的声音与自白。仿佛一切的人性都蕴蓄在她永远宁静的像中，可是其他一切呈现在人的面前或是超越人的范围以外的事物，都融合在山、树、桥、天、水的神秘的联系里。这样的"山水"不是一种印象的画，不是一个人对于那些静物的看法；它是完成中的自然，变化中的世界，对于人是这样生疏，有如没有足迹的树林在一座未发现的岛上。并且把山水看作是一种远方的和生疏的，一种隔离的和无情的，看它完全在自身内演化，这是必要的，如果它应该是任何一种独立艺术的材料与动因；因为若要使它对于我们的命运能成为一种迎刃而解的比喻，它必须是疏远的，跟我们完全是另一回事。在它崇高的漠然中它必须几乎有敌对的意味，才能用山水中的事物给我们的生存以一种新的解释。

雷渥那德·达·芬奇早已预感着从事山水艺术的制作，就在这种意义里进行着。它慢慢地从寂寞者的手中制作出来，经过几个世纪。那不得不走的路很长远，因为这并不容易，远远地疏离这个世界，以便不再用本地人偏执的眼光去看它，本地人总爱把他所看到的一切运用在他自己或是他的需要上边。我们知道，人对于周围的事物看得是多么不清楚，常常必得从远方来一个人告诉我们周围的真面目。所以人也必须把万物从自己的身边推开，以使后来善于取用较为正确而平静的方式，以稀少的亲切和敬畏的隔离来同它们接近。因为人对于自然，在不理解的时候，才开始理解它；当人觉得，它是另外的、漠不相关的、也无意容纳我们的时候，人才从自然中走出，寂寞地，从一个寂寞的世界。

若要成为山水艺术家，就必须这样：人不应再物质地去感觉它为我们而含有的意义，却是要对象地看它是一个伟大的现存的真实。

在那我们把人画得伟大的时代，我们曾经这样感受他；但是人却变得飘摇不定，他的像也在变化中不可捉摸了。自然是较为恒久而伟大，其中的一切运动更为宽广，一切静息也更为单纯而寂寞。那是人心中的一个渴望，用它崇高的材料来说自己，像是说一些同样的实体，于是毫无事迹发生的山水画就成立了。人们画出空旷的海、雨日的白屋、无人行走的道路、非常寂寞的流水。激情越来越消失；人们越懂得这种语言，就以更简洁的方法来运用它。人沉潜在万物的伟大的静息中，他感到，它们的存在是怎样在规律中消除，没有期待，没有急躁。并且在它们中间有动物静默地行走，同它们一样担负着日夜的轮替，都合乎规律。后来有人走入这个环境，作为牧童、作为农夫，或单纯作为一个形体从画的深处显现：那时一切矜夸都离开了他，而我们观看他，他要成为"物"。

在这"山水艺术"生长为一种缓慢的"世界的山水化"的过程中，有一个辽远的人的发展。这不知不觉从观看与工作中发生的绘画内容告诉我们，在我们时代的中间一个"未来"已经开始了：人不再是在他的同类中保持平衡的伙伴,也不再是那样的人,为了他而有晨昏和远近。他有如一个物置身于万物之中,无限地单独,一切物与人的结合都退至共同的深处,那里浸润着一切生长者的根。

(选自《给一个青年诗人的十封信》,生活·读书·新知三联书店,1994年版)

【交流之窗】

古希腊哲学家普罗泰格拉说:"人是万物的尺度。"苏格拉底说:"有思想力的人是万物的尺度。"莎士比亚说:"人是一件多么了不起的杰作!是宇宙的精华!万物的灵长!"古希腊的贤哲、文艺复兴的大文豪都把人作为宇宙的中心来进行歌颂。而里尔克认为人特别是艺术家应该"有如一个物置身于万物之中,无限地单独,一切物与人的结合都退至共同的深处",退至大地之根。如此,消泯主体与客体的界限,使物归化于不可见的世界当中,从而获得诗意的栖所。

中国书法

林语堂

林语堂（1895—1976），中国现代作家。

一切艺术的问题都是韵律问题。所以，要弄懂中国的艺术，我们必须从中国人的韵律和艺术灵感的来源谈起。我们承认韵律是普遍存在的，并非中国人的专利，但这并不妨碍我们去探索一个不同的侧重点。在讨论理想的中国妇女时，笔者已经指出，西方艺术总是到女性人体那里寻求最理想、最完美的韵律，把女性当作灵感的来源。而中国的艺术家和艺术爱好者则通常满足于高兴地赏玩一只蜻蜓、一只青蛙、一只蚱蜢或一块嶙峋的怪石。由此看来，西方艺术的精神较为耽于声色，较为热情，较为充满艺术家的自我；而中国艺术的精神则较为高雅，较为含蓄，较为和谐于自然。我们可以借用尼采的话来说明它们的不同，中国的艺术是太阳神的艺术，而西方艺术是酒神的艺术。这一巨大差别只有具备对韵律不同的理解与欣赏才能形成。无论在哪个国度，艺术问题总是韵律问题，这一点毫无疑问。但直到近代，韵律才在西方艺术中起到决定性的作用。而在中国，韵律一直占有举足轻重的地位——这一点也是毫无疑问的。

很奇怪,这种对韵律理想的崇拜首先是在中国书法艺术中发展起来的。

一幅寥寥几笔画出的顽石图,挂在墙上,供人日夜观赏。人们面对它沉思冥想,并得到一种奇异的快感。西方人士要想懂得此种快感,就非懂得中国书法艺术的原则不可。学习书法艺术,实则学习形式与韵律的理论,由此可见书法在中国艺术中的重要地位。我们甚至可以说,书法提供给了中国人民以基本的美学,中国人民就是通过书法才学会线条和形体的基本概念的。因此,如果不懂得中国书法及其艺术灵感,就无法谈论中国的艺术。比方说,中国的建筑,不管是牌楼、亭子还是庙宇,没有任何一种建筑的和谐感与形式美,不是导源于某种中国书法的风格。

这样,中国书法在世界艺术史上的地位实在是十分独特的。毛笔使用起来比钢笔更为精妙,更为敏感。由于毛笔的使用,书法便获得了与绘画平起平坐的真正的艺术地位。中国人已经充分认识到这一点,他们把绘画和书法视为姐妹艺术,合称为"书画",几乎构成一个单独的概念,总是被人们相提并论。假如要问二者之中哪一个得到了更多人的喜爱,回答毫无疑问是书法。于是,书法成了一门艺术。人们对之投以的满腔热忱和献身精神,以及它丰富的传统,人们对它的尊崇,这些都丝毫不亚于绘画。书法标准与绘画标准一样严格,书法家高深的艺术造诣远非凡夫俗子所能企及,如同其他领域的情形一样。中国的大画家,像董其昌、赵孟頫等人,通常也都是大书法家。赵孟頫

（1254—1322）是最著名的中国画家之一。他在谈到自己的绘画时说："石如飞白木如篆，六法原与八法通，若也有人能会此，须知书画本来同。"

在我看来，书法代表了韵律和构造最为抽象的原则，它与绘画的关系，恰如纯数学与工程学或天文学的关系。欣赏中国书法，是全然不顾其字面含义的，人们仅仅欣赏它的线条和构造。于是，在研习和欣赏这种线条的魔力和构造的优美之时，中国人就获得了一种完全的自由，全神贯注于具体的形式，内容则撇开不管。绘画总有一个客体要传达，但一个写得很好的字却只传达其本身线条和结构的美。在这绝对自由的天地里，各种各样的韵律都得到了尝试，各种各样的结构都得到了探索。正是中国的毛笔使每一种韵律的表达成为可能。而中国字，尽管在理论上是方方正正的，实际上却是由最为奇特的笔画构成的，这就使得书法家不得不去设法解决那些千变万化的结构问题。于是通过书法，中国的学者训练了自己对各种美质的欣赏力，如线条上的刚劲、流畅、蕴蓄、精微、迅捷、优雅、雄壮、粗犷、谨严或洒脱，形式上的和谐、匀称、对比、平衡、长短、紧密，有时甚至是懒懒散散或参差不齐的美。这样，书法艺术给美学欣赏提供了一整套术语，我们可以把这些术语所代表的观念看作中华民族美学观念的基础。

由于这门艺术具有近两千年的历史，且每位书法家都力图用一种不同的韵律和结构来标新立异，这样，在书法上，也许只有在书法上，我们才能够看到中国人艺术心灵的极致。某些美学鉴赏范畴，如对参差不齐之美的尊崇，对那些乍看摇摇欲坠、细看则安如磐石的结构的尊崇，这些美学范畴会使西方人大为吃惊。如果他们知道这些范畴在中国艺术的其他领域中并不容易看到，他们就更会惊叹不已。

对西方来说，更有意义的事实是，书法不仅为中国艺术提供了美学鉴赏的基础，而且代表了一种万物有灵的原则。这种原则一经正确地领悟和运用，将硕果累累。如上所说，中国书法探索了每一种可能出现的韵律和形式，这是从大自然中捕捉艺术灵感的结果，尤其来自动物、植物——梅花的枝丫、摇曳着几片残叶的枯藤、斑豹的跳跃、猛虎的利爪、麋鹿的捷足、骏马的遒劲、熊罴的丛毛、白鹤的纤细，或者苍老多皱的松枝。于是，凡自然界的种种韵律，无一不被中国书法家所模仿，并直接地或间接地形成了某种灵感，以造就某些特殊的"书体"。如果一位中国学者在一棵枯藤之上看到了某种美，它那不经意的雅致，可伸可缩的韧性，枝头弯弯曲曲，几片叶儿悬挂其上，漫不经心，却又恰到好处，他就会把这种种的美融于自己的书法之中。

如果另一位学者看到一棵松树树干弯曲、树枝下垂而不直立，表现出一种惊人的坚韧和力量，他也会将这种美融入自己的书法风格。于是，我们就有了"枯藤"和"劲松"的笔法。

曾经有一位名僧兼书法家先前习书多年却无长进。一天，他闲步于山径之间，偶见两条大蛇在争斗，各自伸长脖颈，颇有一股外柔内刚之势。他猛然有所感悟，顿生灵感，回去后便练就了一种极有个性的书体，称作"斗蛇"体，模拟蛇颈的伸展和弯曲。中国的"书圣"王羲之在谈书法艺术时，也使用了自然界的意象：划如列阵之排云，挠如劲弩折节，点如高峰坠石，直如万岁枯藤，撇如足行趋骤，捺如崩浪雷奔，侧钩如百钧弩发。

如欲通晓中国书法，必先仔细观察蕴藏在每个动物体内的形态和韵律。

每种动物都有其和谐优美之处，这直接出自其生理机能，尤其是运动机能的和谐。一匹腿部多毛、躯干高大的负重拉车之马，有其独特的美，正如一匹光滑灵巧的赛马有其独特的美一样。这种和谐还存在于身体细长、蹦蹦跳跳、快速灵活的灵缇犬身上，也存在于长毛的爱尔兰狗身上：它的头和四肢在一起几乎构成了一个方形物，极似中国书法中的"隶书"（流行于汉代，后由清代邓石如发展成为一种艺术）。

有一点很重要，需要注意。这些动植物的外形之所以美，是因为它们蕴藏着一种动势。试想一枝盛开的梅花，具有多么不经意的美丽和充满艺术感的不规则变化！彻底而艺术化地领悟这种美，就等于领会了万物有灵的内在原则，领悟了中国艺术。这枝梅花，即使花朵凋谢或被拔落，仍然美丽无比，因为它还活着，因为它表达了一种生的冲动。每一棵树的外形都显示了一种韵律，它源自某种生命的冲动，它要生长，要拥抱阳光，要保持自己生命的平衡；它也源自抵御风暴的必要。每一棵树都是美的，因为它暗示了这些冲动，尤其是因为它暗示了一种朝某个方向的运动，一种向某个地方的延伸。

它并没有想美，它只是想生存，结果却是极端的和谐与令人十分满意的美。

大自然给予灵缇犬以高度弯曲的身躯和一条连接身体与后腿的曲线，以使它跑起路来迅捷无比。除此之外，大自然并没有人为地赐给它什么抽象的美，这些器官之所以美，是因为它们代表了某种速度，从这些和谐的器官中产生了一种和谐的形式。猫儿轻柔的举动，导致了其柔软的外形。即使是一只固执地蹲伏在那里的叭喇狗的线条，也能反映出它本身力大性猛的美。这样，我们就解释了自然界无穷无尽的形态，这些形态总是那么和谐、那么富有韵律，变化万端，无以穷尽。换言之，自然界的美是动态的美，而非静态的美。

这种运动的美正是理解中国书法的钥匙。中国书法的美在动在不静，由于它表达了一种动态的美，它生存了下来，并且也同样是千变万化，不可胜数的。迅捷稳重的一笔之所以是完美的，是因为它是速度和力量的象征。不能模仿，不能更改，因为任何更改都会带来不和谐。这也就是为什么书法作为一门艺术非常难学的原因。

把中国书法的美归结为万物有灵原则，并非著者的独创。汉语中的不少说法可资证明和参考，比如笔画的"肉""骨""筋"，等等。其哲理性内涵从未被有意识地揭示出来过。只有当我们想方设法使西方人理解中国书法时，我们才开始探索。王羲之曾师从的东晋女书法家卫夫人说道：善笔力者多骨，不善笔力者多肉。多骨微肉者，谓之筋书；多肉微骨者，谓之墨猪。多力丰筋者圣，无力无筋者病。

运动的动态原理生发出一种结构原理，这是理解中国书法的要旨。单纯的平衡匀称之美，绝不是美的最高形式。中国书法的原则之一，即方块字绝不应该是真正的方块，而应是一面高一面低，两个对称部分的大小和位置也不应该绝对相同。这条原则叫作"势"，代表着一种冲力的美，结果，在这种艺术的范型中，我们有了不少看似不平衡，实际却十分平衡的结构形态。

这种冲力之美与纯静态之美的区别，有如一个人站立或静坐之图景，与挥舞高尔夫球棒或把足球猛一脚踢上天时的图景的区别。又如一位女士把头往后一仰的照片，要比她正视前方的照片动态感更强。所以中国字笔画起端总是侧向一方，这比平平地划过去要艺术得多。这种结构的范例可见于《张猛龙碑》，其中字体似有倒塌之势，却又能很好地保持平衡。这种书体的现代范式可见于监察院长于右任的字，他个人有今日的高位，在很大程度上得益于自己高级书法家的名望。

现代艺术正在探索各种韵律，试验各种新的结构形式，但至今尚无所获。

它唯一的成功是给予我们一种逃避现实的印象。它最为明显的特征，不是努力抚慰我们的心灵，而是竭力刺激我们的感官，由于这一原因，对中国书法及其万物有灵原则的研究，归根结底也就是在万物有灵或韵律活力的原则指导下，对自然界韵律所进行的再研究，它会为现代艺术开辟广阔的前景。直线、平面和锥体的相互交错和反复运用，可以使我们激动不已，却不具备生动活泼的美。正是这些平面、锥体、直线和曲线，看来已经使现代艺术家的才智衰竭了。何不回归自然，向自然求救呢？看来有待于一些西方艺术家不畏艰险，开始用毛笔练习写英语。练上10年之后，如果他天资聪慧，真正弄懂万物有灵原则的话，他将可以用真正称得上一门艺术的线条和形式在泰晤士广场上书写招牌和广告牌。

中国书法作为中国美学的基础，其中的全部含义将在研究中国绘画和建筑时进一步看到。在中国绘画的线条和构思上，在中国建筑的形式和结构上，我们将可以分辨出那些从中国书法发展起来的原则。正是这些韵律、形态、范围等基本概念给予了中国艺术的各种门类，比如诗歌、绘画、建筑、瓷器和房屋修饰，以基本的精神体系。

（选自《吾国与吾民》，世界新闻出版社，1938年版）

【交流之窗】

中国书法具有怎样的艺术奥秘？一切艺术问题都是韵律问题，书法亦如此。它代表了韵律和构造的最为抽象的原则。欣赏书法，可以撇开内容，全神贯注于线条和构造，获得一种完全的自由。

书法艺术师法自然，中国书法代表了一种万物有灵的原则。艺术家们观察植物的独特造型、动物的矫健运动，获得创作的灵感，从动植物的"运动的美"中提炼出书法的"势"，在充满运动感的、看似失衡却平衡的书法创作中获得一种"冲力之美",和谐中蕴动感,曲折中融神韵。中国书法的"灵动美"为中国美学确立了艺术创作的基本原则。让我们走进书法,走进灵动的艺术世界!

蒙娜丽莎

王克难

王克难，生于 1980 年，作家、画家、作曲家。现居台湾。

  我们在纽约大都会博物馆前排着队，队伍像一条长龙，大家都在静静地等着。

  一群灰鸽飞来，在我们身边大摇大摆地散步，有的好奇地歪着头看着我们，可能正猜想我们在做什么。它们猜得到吗？大家正在等着探访那刚从巴黎飞来的世界著名的美丽女子。听说美法两国多次交涉，她才能暂时离开巴黎的卢浮宫前来纽约。她，就是诞生于达·芬奇笔下，面带永远微笑的"蒙娜丽莎"！

  《蒙娜丽莎》是世界上最杰出的肖像画，世界上有多少人能亲睹她的风采呢？我无论如何都不会想到，有朝一日，她能从大洋彼岸飞来与我们相约。我猜想今天来"赴约"的人一定很多，但队伍之长还是远远超出了我的想象。

  队伍慢慢地向前移动。我慢慢地上了博物馆门前的台阶，进了大门，到了陈列《蒙娜丽莎》的房间外。队伍移动得更慢了。不知过了多久,我终于走到了陈列室门口,终于看到了她。

那幅画不大,大概三英尺长、两英尺宽吧,整幅画几乎只是一种棕色。我随着队伍慢慢地走近她,心中涌起一种奇异的感觉。近了,更近了,蒙娜丽莎就像真人一样慢慢走近你。我终于跟她面对面了。她的脸颊泛着红光,一头黑发轻松地垂落双肩。她的眼神是那样柔和与明亮,嘴唇看来不像是涂抹的色彩,而是真的血肉。仔细看她的颈项,你会怀疑血液真的在里面流动。

蒙娜丽莎那微抿的双唇,微挑的嘴角,好像有话要跟你说。在那极富个性的嘴角和眼神里,悄然流露出恬静、淡雅的微笑。那微笑,有时让人觉得舒畅温柔,有时让人觉得略含哀伤,有时让人觉得十分亲切,有时又让人觉得有几分矜持。蒙娜丽莎那"神秘的微笑"是那样耐人寻味,难以捉摸。达·芬奇凭着他的天才想象力和他那神奇的画笔,使蒙娜丽莎转瞬即逝的面部表情,成了永恒的美的象征。

蒙娜丽莎的身姿和交搭的双臂使她显得大方、端庄。她的脸部、颈部和双手好像沐浴在阳光里,格外明亮动人;她的右手,刻画得极其清晰细腻,富有生命的活力;她的朴素的茶褐色衣服更加衬托出特有的生命力。她身后的背景充满着幻觉般的神秘感,山峦、石桥、流水、树丛、小径,在朦胧中向远方蜿蜒隐去。在这空旷而深远的背景里,蒙娜丽莎更加美丽动人。

《蒙娜丽莎》是全人类文化宝库中一颗璀璨的明珠,她的光辉照耀着每一个有幸看到她的人。我虽然在她面前只停留了短短的几分钟，她却在我的心底留下了永不磨灭的印象。她已经成了我灵魂的一部分。

(《蒙娜丽莎之约》被改写选入人教版小学语文六年级上册教科书)

【交流之窗】

本文主要介绍了《蒙娜丽莎》这幅画的尺寸、人物外形、人物的面部表情和神秘的微笑，还有这幅画的背景。另外，在这些细致的描绘中，作者还融入了丰富的想象。试着用这种方法，即"把看到的和想象到的自然融合的写作方法"，写一篇赏析名画的文章。

第七编
生活皆美

⊙ 陈连强绘

自然是美的。大自然是美的源泉。高山大川，日月星辰，皆为美。古人从自然中发现了美。"一生好入名山游"，自然成就一代诗仙。"此中有真意，欲辨已忘言"，陶潜在自然中发现生命的真谛！"万物静观皆自得，四时佳兴与人同"，多少人愿意在山水自然中终老，卸下一身的疲惫，重获心灵的自由。

艺术是美的。音乐、舞蹈、戏剧、绘画、建筑、文学等，艺术之美让人心醉。高亢激昂的秦腔，静谧净心的僧寺，悠闲宁静的小巷，哪一个不让人流连？孔子用"三月不知肉味"说明艺术享受超越了身体本能的要求。曾读"疑是碧桃千树花"，产生无限遐想，究竟是"凤箫"的魅力，还是诗歌语言的魅力？正如培根所言："如果不保持一定程度的陌生感，就不会有出类拔萃的美。"

生活是美的。《诗经·卫风》中女子"巧笑倩兮，美目盼兮"，卓有风姿，具有人物美。"晚来天欲雪，能饮一杯无"，冬日唤友共饮，具有友情美。清明祭祖，端午龙舟，中秋赏月，春节团圆，新年欢歌，从中国到世界，只要到了这些特殊日子，人们都会洋溢在民俗节庆美的欢乐中，共同创造着美的生活！

品格是美的，情感是美的。济慈说："美就是真，真就是美。"一个美好的传说，一位高尚的人物，一片美丽的风景，一种深沉的哲思，无不在我们心中激起美的涟漪。庄子曰："朴素而天下莫能与之争美。"培根说:"美德犹如宝石。"

生活处处皆美。为什么有人却缺少发现美的眼睛呢?

画家木心说:"无审美力者皆无情。"陈逸飞说:"我怀着孩子一般的好奇心去窥视生活中所有美的东西。"因为有情,辛弃疾才可以"我看青山多妩媚,料青山看我亦如是";因为有情,李白才会有"相看两不厌,只有敬亭山"。因为有爱,你才能看到绿草联想"记得绿罗裙,处处怜芳草";因为孤独,陈子昂登上幽州台才会发出超越时空的感慨"前不见古人,后不见来者";因为思亲,苏轼面对明月才发出"但愿人长久,千里共婵娟"的祝愿!

有了情,才能发现美;有了美,才有艺术。生活处处皆有艺术,生活皆美。

秦腔

贾平凹

贾平凹，生于1952年，当代作家。

　　山川不同，便风俗区别，风俗区别，便戏剧存异；普天之下人不同貌，剧不同腔；京、豫、晋、越、黄梅、二黄、四川高腔，几十种品类；或问：历史最悠久者，文武最正经者，是非最汹汹者？曰：秦腔也。正如长处和短处一样突出便见其风格，对待秦腔，爱者便爱得要死，恶者便恶得要命。外地人——尤其是自夸于长江流域的纤秀之士——最害怕秦腔的震撼；评论说得婉转的是：唱得有劲；说得直率的是：大喊大叫。于是，便有柔弱女子，常在戏台下以绒堵耳，又或在平日教训某人：你要不怎么怎么样，今晚让你去看秦腔！秦腔成了惩罚的代名词。所以，别的剧种可以各省走动，唯秦腔则如秦人一样，死不离窝；严重的乡土观念，也使其离不了窝：可能还在西北几个地方变腔走调的有些市场，却绝对冲不出往东南而去的潼关呢。

　　但是，几百年来，秦腔却没有被淘汰，被沉沦，这使多少人在大惑而不得其解。其解是有的，就在陕西这块土地上。如果是一个南方人，坐车轰轰隆隆往北走，渡过黄河，进入西岸，八百里秦川大地，原来竟是：一抹黄褐的平原；辽阔的地平线上，一处一处用木椽夹打成一尺多宽墙的土屋，粗笨而庄重；冲天而起的白杨、苦楝、紫槐，枝干粗壮如桶，叶却小似铜钱，迎风正反翻覆……你立即就会明白了：这里的地理构造竟与秦腔的旋律惟妙惟肖的一统！再去接触一下秦人吧，活脱脱的一群秦始皇兵马俑的复出：高个，浓眉，眼和眼间隔略远，手和脚一样粗大，上身又稍稍见长于下身。当他们背着沉重的三角形状的犁铧，赶着山包一样团块组合式的秦川公牛，端着脑袋般大小的耀州瓷碗，蹲在立的卧的石碌子碡碡上吃着牛肉泡馍，你不禁又要改变起世界观了：啊，这是块多么空旷而实在的土地，在这块土地摸爬滚打的人群是多么"二愣"的民众！那晚霞烧起的黄昏里，落日在地平线上欲去不去的痛苦的妊娠，五里一村，十里一镇，高音喇叭里传播的秦腔互相交织，冲撞，这秦腔原来是秦川的天籁、地籁、人籁的共鸣啊！于此，你不渐渐感觉到了南方戏剧的秀而无骨吗？不深深地懂得秦腔为什么形成和存在而占却时间、空间的位置吗？

八百里秦川，以西安为界，咸阳、兴平、武功、周至、凤翔、长武、岐山、宝鸡，两个专区几十个县为西府；三原、泾阳、高陵、户县、合阳、大荔、韩城、白水，一个专区十几个县为东府。秦腔，就源于西府。在西府，民性敦厚，说话多用去声，一律咬字沉重，对话如吵架一样，哭丧又一呼三叹。呼喊远人更是特殊：前声拖十二分的长，末了方极快地道出内容。声韵的发展，使会远道喊人的人都从此有了唱秦腔的天才。老一辈的能唱，小一辈的能唱，男的能唱，女的能唱；唱秦腔成了做人最体面的事,任何一个乡下男女,只有唱秦腔,才有出人头地的可能,大凡有出息的,是个人才的,哪一个何曾未登过台,起码不能吼一阵乱弹呢!

农民是世上最劳苦的人,尤其是在这块平原上,生时落草在黄土炕上,死了被埋在黄土堆下;秦腔是他们大苦中的大乐,当老牛木犁疙瘩绳,在田野已经累得筋疲力尽,立在犁沟里大喊大叫来一段秦腔,那心胸肺腑,关关节节的困乏便一尽儿涤荡净了。秦腔与他们,要和"西凤"白酒、长线辣子、大叶卷烟、牛肉泡馍一样成为生命的五大要素。若与那些年长的农民聊起来,他们想象的伟大的共产主义生活,首先便是这五大要素。他们有的是吃不完的粮食,他们缺的是高超的艺术享受,他们教育自己的子女,不会是那些文豪们讲的,幼年不是祖母讲着动人的美丽的童话,而是一字一板传授着秦腔。他们大都不识字,但却出奇地能一本一本整套背诵出剧本,虽然那常常是之乎者也的字眼从那一圈胡子的嘴里吐出来十分别扭。有了秦腔,生活便有了乐趣,高兴了,唱"快板",高兴得像被烈性炸药爆炸了一样,要把整个身心粉碎在天空!痛苦了,唱"慢板",揪心裂肠的唱腔却表现了多么有情有味的美来,美给了别人享受,美也熨平了自己心中愁苦的皱纹。当他们在收获时节的土场上,在月在中天的庄院里大吼大叫唱起来的时候,那种难以想象的狂喜、激动、雄壮,与那些献身于诗歌的文人,与那些有吃有穿却总感空虚的都市人相比,常说的什么伟大的永恒的爱情是多么渺小、有限和虚弱啊!

我曾经在西府走动了两个秋冬，所到之处，村村都有戏班，人人都会清唱。在黎明或者黄昏的时分，一个人独自地到田野里去，远远看着天幕下一个一个山包一样隆起的十三个朝代帝王的陵墓，细细辨认着田埂土，荒草中那一截一截汉唐时期石碑上的残字，高高的土屋上的窗口里就飘出一阵冗长的二胡声，几声雄壮的秦腔叫板，我就痴呆了，猛然发现了自己心胸中一股强硬的气魄随同着胳膊上的肌肉疙瘩一起产生了。

每到农闲的夜里，村里就常听到几声锣响：戏班排演开始了。演员们都集合起来，到那古寺庙里去。吹，拉，弹，奏，翻，打，念，唱，提袍甩袖，吹胡瞪眼，古寺庙成了古今真乐府，天地大梨园。导演是老一辈演员，享有绝对权威，演员是一家几口，夫妻同台，父子同台，公公儿媳也同台。按秦川的风俗：父和子不能不有其序，爷和孙却可以无道，弟与哥嫂可以嬉闹无常，兄与弟媳则无正事不能多言。但是，一到台上，秦腔面前人人平等，兄可以拜弟媳为帅为将，子可以将老父绳绑索捆。寺庙里有窗无扇，屋梁上蛛丝结网，夏天蚊虫飞来，成团成团在头上旋转，薰蚊草就墙角燃起，一声唱腔一声咳嗽。冬天里四面透风，柳木疙瘩火当中架起，一出场一脸正经，一下场凑近火堆，热了前怀，凉了后背。排演到什么时候，什么时候都有观众，有抱着二尺长的烟袋的老者，有凳子高、桌子高趴满窗台的孩子。庙里一个跟头未翻起，窗外就哇地一声叫倒好，演员出来骂一声：谁说不好的滚蛋！他们抓住窗台死不滚去，倒要连声讨好：翻得好！翻得好！更有殷勤的，跑回来偷拿了红薯、土豆，在火堆里煨熟给演员作夜餐，赚得进屋里有一个安全位置。排演到三更鸡叫，月儿偏西，演员们散了，孩子们还围了火堆弯腰踢腿，学那一招一式。

　　一出戏排成了，一人传出，全村振奋，扳着指头盼那上演日期。一年十二个月，正月元宵日，二月龙抬头，三月三，四月四，五月五日过端午，六月六日晒丝绸，七月过半，八月中秋，九月初九，十月一日，再是那腊月五豆，腊八，二十三……月月有节，三月一会，那戏必是上演的。戏台是全村人的共同的事业，宁肯少吃少穿也要筹资集款，买上好的木石，请高强的工匠来修筑。村子富不富，就比这戏台阔不阔。一演出，半下午，人就找凳子去占地位了，未等戏开，台下坐的、站的人头攒拥，台两边阶上立的卧的是一群顽童。那锣鼓就叮叮咣咣地闹台，似乎整个世界要天翻地覆了。各类小吃趁机摆开，一个食摊上一盏马灯，花生、瓜子、糖果、烟卷、油茶、麻花、烧鸡、煎饼，长一声短一声叫卖不绝。锣鼓还在一声儿敲打，大幕只是不拉，演员偶尔从幕边往下望望，下边就喊：开演呀，场子都满了！幕布放下，只说就要出场了，却又叮叮咣咣不停。台下就乱了，后边的喊前边的坐下，前边的喊后边的为什么不说最前边的立着；场外的大声叫着亲朋子女名字，问有坐处没有，场内的锐声回应快进来；有要吃煎饼的喊熟人去买一个，熟人买了站在场外一扬手，"日"地一声隔人头甩去，不偏不倚目标正好；左边的喊右边的踩了他的脚，右边的叫左边的挤了他的腰，一个说：狗年快完了，你还叫啥哩？一个说：猪年还没到，你便拱开了!言语伤人,动了手脚;外边的趁机而入,一时四边向里挤,里边向外扛,人的旋涡涌起,如四月的麦田起风,根儿不动,头身一会儿倒西,一会儿倒东,喊声、骂声、哭声一片;有拼命挤将出来的,一出来方觉世界偌大,身体胖肿,但差不多却光了脚,乱了头发。大幕又一挑,站出戏班头儿,大声叫喊要维持秩序;立即就跳出一个两个所谓"二干子"人物来。这类人物多是头脑简单,四肢发达,却十二分忠诚于秦腔,此时便拿了枝条儿,哪里人挤,哪里打去,如凶神恶煞一般。人人恨骂这些人,人人又都盼有这些人,叫他们是秦腔宪兵,宪兵者越发忠于职责,虽然彻夜不得看戏,但大家一夜满足了,他们也就满足了一夜。

终于台上锣鼓停了,大幕拉开,角色出场。但不管男的女的,出来偏不面对观众,一律背身掩面,女的就碎步后移,水上漂一样,台下就叫:瞧那腰身,那肩头,一身的戏哟。是男的就摇那帽翎,一会双摇,一会单摇,一边上下飞闪,一边纹丝不动,台下便叫:绝了,绝了!等到那角色儿猛一转身,头一高扬,一声高叫,声如炸雷哗啷啷直从人们头顶碾过,全场一个冷颤,从头到脚,每一个手指尖儿,每一根头发梢儿都麻酥酥的了。如果是演《救裴生》,那慧娘站在台中往下蹲,慢慢地,慢慢地,慧娘蹲下去了,全场人头也矮下去了半尺,等那慧娘往起站,慢慢地,慢慢地,慧娘站起来了,全场人的脖子也全拉长了起来。他们不喜欢看生戏,最欢迎看熟戏,那一腔一调都晓得,哪个演员唱得好,就摇头晃脑跟着唱,哪个演员走了调,台下就有人要纠正。说穿了,看秦腔不为求新鲜,他们只图过过瘾。

在这样的地方，这样的环境，这样的气氛，面对着这样的观众，秦腔是最逞能的，它的艺术的享受，是和拥挤而存在，是有力气而获得的。如果是冬天，那风在刮着，像刀子一样，如果是夏天，人窝里热得如蒸笼一般，但只要不是大雪、冰雹、暴雨，台下的人是不肯撤场的。最可贵的是那些老一辈的秦腔迷，他们没有力气挤在台下，也没有好眼力看清演员，却一溜一排地蹲在戏台两侧的墙根，吸着草烟，慢慢将唱腔品赏。一声叫板，便可以使他们坠入艺术之宫，"听了秦腔，肉酒不香"，他们是体会得最深。那些大一点的，脾性野一点的孩子，却占领了戏场周围所有的高空，杨树上、柳树上、槐树上，一个枝杈一个人。他们常常乐而忘了险境，双手鼓掌时竟从树杈上掉下来，掉下来自不会损伤，因为树下是无数的人头，只是招致一顿臭骂罢了。更有一些爬在了场边的麦秸积上，夏天四面来风，好不凉快，冬日就趴个草洞，将身子缩进去，露一个脑袋，也正是有闲阶级享受不了秦腔吧，他们常就瞌睡了，一觉醒来，月在西天，戏毕人散，只好苦笑一声悄然没声儿地溜下来回家敲门去了。

当然，一次秦腔演出，是一次演员亮相，也是一次演员受村人评论的考场。每每角色一出场，台下就一片喊喊喳喳：这是谁的儿子，谁的女子，谁家的媳妇，娘家何处？于是乎，谁有出息，谁没能耐，一下子就有了定论。有好多外村的人来提亲说媒，总是就在这个时候进行。据说有一媒人将一女子引到台下，相亲台上一个男演员，事先夸口这男的如何俊样，如何能干，但戏演了过半，那男的还未出场，后来终于出来，是个国民党的伪兵，还持枪未走到中台，扮游击队长的演员挥枪一指，"叭"地一声，那伪兵就倒地而死，爬着钻进了后幕。那女子当下哼一声，闭了嘴，一场亲事自然了了。这是喜中之悲一例。据说还有一例，一个老头在脖子上架了孙孙去看戏，孙孙吵着要回家，老头好说好劝只是不忍半场而去，便破费买了半斤花生，他眼盯着台上，手在下边剥花生，然后一颗一颗扬手喂到孙孙嘴里，但喂着喂着，竟将一颗塞进孙孙鼻孔，吐不出，咽不下，口鼻出血，连夜送到医院动手术，花去了七十元钱。但是，以秦腔引喜的事却不计其数。每个村里，总会有那么个老汉，夜里看戏，第二天必是头一个起床往戏台下跑。戏台下一片石头、砖头，一堆堆瓜子皮、糖果纸、烟屁股，他掀掀这块石头，踢踢那堆尘土，少不了要捡到一角两角甚至三元四元钱币来，或者一只鞋，或者一条手帕。这是村里刁钻人干的营生，而馋嘴的孩子们有的则夜里趁各家锁门之机，去地里摘那香瓜来吃，去谁家院里将桃杏装在背心兜里回来分红。自然少不了有那些青春妙龄的少男少女，则往往在台下混乱之中眼送秋波，或者就悄悄退出，相依相偎到黑黑的渠畔树林子里去了……

秦腔在这块土地上，有着神圣的不可动摇的基础。凡是到这些村庄去下乡，到这些人家去做客，他们最高级的接待是陪着看一场秦腔，实在不逢年过节，他们就会要合家唱一会乱弹，你只能点头称好，不能耻笑，甚至不能有一点不入神的表示。他们一生最崇敬的只有两种人：一是国家领导人，一是当地的秦腔名角。即是在任何地方，这些名角没有在场，只要发现了名角的父母，去商店买油是不必排队的，进饭馆吃饭是会有座位的，就是在半路上挡车，只要喊一声：我是某某的什么，司机也便要嘎地停车。但是，谁要侮辱一下秦腔，他们要争死争活地和你论理，以至大打出手，永远使你记住教训。每每村里过红白丧喜之事，那必是要包一台秦腔的，生儿以秦腔迎接，送葬以秦腔致哀，似乎这人生的世界，就是秦腔的舞台，人只要在舞台上，生、旦、净、丑，才各显了真性，恶的夸张其丑，善的凸现其美，善的使他们获得美的教育，恶的也使丑里化作了美的艺术。

广漠旷远的八百里秦川，只有这秦腔，也只能有这秦腔，八百里秦川的劳作农民只有也只能有这秦腔使他们喜怒哀乐。秦人自古是大苦大乐之民众，他们的家乡交响乐除了大喊大叫的秦腔还能有别的吗？

1983年5月2日草于五味村
（选自《贾平凹散文自选集》，新世界出版社，2012年版）

【交流之窗】

文中的"排戏""演戏"，充满着乡情、野趣，与在剧场看戏有着不同的体验。正是这扎根民众中的传承，才使地方戏具有蓬勃的生命力。"地方戏"作为传统文化的表现形式，凝结着某一地域的民风习俗。八百里辽阔秦川，孕育了高亢、激昂的秦腔，敦厚粗犷的"二愣"民众演奏着秦腔，表现着他们大苦中的大乐。你的家乡有什么地方戏？有什么特点？它的形成受哪些民风习俗甚至地理环境的影响？

巷

柯 灵

柯灵（1909—2000），中国电影理论家、剧作家、评论家。

巷，是城市建筑艺术中一篇飘逸恬静的散文，一幅古雅冲淡的图画。

这种巷，常在江南的小城市中，有如古代的少女，躲在僻静的深闺，轻易不肯抛头露面。你要在这种城市里住久了，和她真正成了莫逆，你才有机会看见她，接触到她幽娴贞静的风度。她不是乡村的陋巷，湫隘破败，泥泞坎坷，杂草乱生，两旁还排列着错落的粪缸。她也不是上海的里弄，鳞次栉比的人家，拥挤得喘不过气；小贩憧憧来往，黝黯的小门边，不时走出一些趿着拖鞋的女子，头发乱似临风飞舞的秋蓬，眼睛里网满红丝，脸上残留着隔夜的脂粉，懒洋洋地走到老虎灶上去提水。也不像北地的胡同，满目尘土，风起处刮着弥天的黄沙。

这种小巷，隔绝了市廛的红尘，却又不是乡村风味。她又深又长，一个人耐心静静走去，要老半天才走完。她又这么曲折，你望着前面，好像已经堵塞了，可是走了过去，一转弯，依然是巷陌深深，而且更加幽静。那里常是悄悄的，寂寂的，不论什么时候，你向巷中踅去，都如宁静的黄昏，可以清晰地听到自己的足音。不高不矮的围墙挡在两边，斑斑驳驳的苔痕，墙上挂着一串串的藤萝，像古朴的屏风。墙里常是人家的后园，修竹森森，天籁细细；春天还常有几枝娇艳的桃花杏花，娉娉婷婷，从墙头摇曳红袖，向行人招手。走过几家墙门，都是紧紧地关着，不见一个人影，因为那都是人家的后门。偶然躺着一只狗，但是决不会对你猜猜地狂吠。

小巷的动人处就是它无比的悠闲，只要你到巷里踯躅一会，心情就会如巷尾的古井，那是一种和平的静穆，而不是阴森和肃杀。它闹中取静，别有天地，仍是人间。它可能是一条现代的乌衣巷，家家有自己的一本哀乐账，一部兴衰史，可是重门叠户，讳莫如深，夕阳影里，野草闲花，燕子低飞，寻觅旧家。只是一片澄明如水的气氛，净化一切，使人忘忧。

你是否觉得工作太劳累了？我劝你工余之暇，常到小巷里走走，那是最好的将息，会使你消除疲劳，紧张的心弦得到调整。你如果有时情绪烦躁，心境悒郁，我劝你到小巷里负手行吟一阵，你一定会豁然开朗，怡然自得，物我两忘。你有爱人吗？我建议不要带了她去什么名园胜境，还是利用晨昏时节，到深巷中散散步。在那里，你们俩可以随意谈天，心贴得更近，在街上那种贪婪的睨视，恶意的斜觑，巷里是没有的；偶然呀的一声，墙门口显现出一个人影，又往往是深居简出的姑娘，看见你们，会娇羞地返身回避了。

巷,是人海汹汹中的一道避风塘,给人带来安全感;是城市喧嚣扰攘中的一带洞天幽境,胜似皇家的阁道,便于平常百姓徘徊徜徉。爱逐臭争利,锱铢必较的,请到长街闹市去;爱轻嘴薄舌,争是论非的,请到茶馆酒楼去;爱锣鼓钲镗,管弦嗷嘈的,请到歌台剧院去;爱宁静淡泊,沉思默想的,深深的小巷在欢迎你!

一九三〇年秋

(选自《柯灵》,人民文学出版社,1990年版)

【交流之窗】

作者笔下的小巷,不同于陋巷的破败肮脏,不同于上海里弄的拥挤世俗,不同于北地胡同的尘沙弥漫。作者对悠闲的小巷的喜爱,也是对淡泊宁静生活的向往和追求。戴望舒笔下,那"悠长又寂寥的",还有"丁香一样地结着愁怨的姑娘"的雨巷,该是这样的小巷吧?郑愁予《错误》中,"恰如青石的街道向晚"也是这样的小巷吗?陆游"小楼一夜听春雨,深巷明朝卖杏花"也是这样的小巷吗?

中国诗文与中国园林艺术

陈从周

陈从周（1918—2000），古建筑园林艺术家。

中国园林，名之为"文人园"，它是饶有书卷气的园林艺术。前年建成的北京香山饭店，是贝聿铭先生的匠心，因为建筑与园林结合得好，人们称之为有"书卷气的高雅建筑"，我则首先誉之为"雅洁明净，得清新之致"，两者意思是相同的。足证历代谈中国园林总离不了中国诗文。而画呢？也是以南宋的文人画为蓝本，所谓"诗中有画，画中有诗"，归根到底脱不开诗文一事。这就是中国造园的主导思想。

南北朝以后，士大夫寄情山水，啸傲烟霞，避嚣烦，寄情赏，既见之于行动，又出之以诗文，园林之筑，应时而生，继以隋唐、两宋、元，直至明清，皆一脉相承。白居易之筑堂庐山，名文传诵，李格非之记洛阳名园，华藻吐纳。故园之筑出于文思，园之存，赖文以传，相辅相成，互为促进，园实文，文实园，两者无二致也。

造园看主人，即园林水平高低，反映了园主之文化水平，自来文人画家颇多名园，因立意构思出于诗文。除了园主本身之外，造园必有清客，所谓清客，其类不一，有文人、画家、笛师、曲师、山师，等等，他们相互讨论，相机献谋，为主人共商造园。不但如此，在建成以后，文酒之会，畅聚名流，赋诗品园，还有所拆改。明末张南垣，为王时敏造"乐郊园"，改作者再四，于此可得名园之成，非成于一次也。尤其在晚明更为突出，我曾经说过那时的诗文、书画、戏曲，同是一种思想感情，用不同形式表现而已，思想感情指的主导是什么？一般是指士大夫思想，而士大夫可说皆为文人，敏诗善文，擅画能歌，其所造园无不出之同一意识，以雅为其主要表现手法了。园寓诗文，复再藻饰，有额有联，配以园记题咏，园与诗文合二为一。所以每当人进入中国园林，便有诗情画意之感，如果游者文化修养高，必然能吟出几句好诗来。画家也能画上几笔晚明清逸之笔的园景来。这些我想是每一个游者所必然产生的情景，而其产生之由就是这个道理。

汤显祖所为《牡丹亭》，而"游园""拾画"诸折，不仅是戏曲，而且是园林文学，又是教人怎样领会中国园林的精神实质，"遍青山啼红了杜鹃，那荼蘼外烟丝醉软""朝日暮卷，云霞翠轩，雨丝风片，烟波画船"。其兴游移情之处真曲尽其妙。是情钟于园，而园必写情也，文以情生，园固相同也。

清代钱泳在《履园丛话》中说："造园如作诗文，必使曲折有法，前后呼应，最忌堆砌，最忌错杂，方称佳构。"一言道破，造园与作诗文无异，从诗文中可悟造园法，而园林又能兴游以成诗文。诗文与造园同样要通过构思，所以我说造园一名构园。这其中还是要能表达意境。中国美学，首重意境，同一意境可以不同形式之艺术手法出之。诗有诗境,词有词境,曲有曲境,画有画境,音乐有音乐境,而造园之高明者,运文学绘画音乐诸境,能以山水花木、池馆亭台组合出之,人临其境,有诗有画,各臻其妙。故"虽由人作,宛自天开",中国园林,能在世界上独树一帜者,实以诗文造园也。

诗文贵空灵,造园忌堆砌,故"叶上初阳干宿雨,水面清圆,一一风荷举"。言园景虚胜实,论文学亦极尽空灵。中国园林能于有形之景兴无限之情,反过来又产生不尽之景,觥筹交错,迷离难分,情景交融的中国造园手法。《文心雕龙》所谓"为情而造文",我说为情而造景。情能生文,亦能生景,其源一也。

诗文兴情以造园,园成则必有书斋,吟馆,名为园林,实作读书吟赏挥毫之所,故苏州网师园有看松读画轩,留园有汲古得绠处,绍兴有青藤书屋等,此有名可征者,还有额虽未名,但实际功能与有额者相同,所以园林雅集文酒之会,成为中国游园的一种特殊方式。历史上的清代北京怡园与南京随园的雅集盛况,后人传为佳话,留下了不少名篇。至于游者漫兴之作,那真太多了。随园以投赠之诗,张贴而成诗廊。

读晚明文学小品,宛如游园,而且有许多文字真不啻造园法也,这些文人往往家有名园,或参与园事,所以从明中叶后直到清初,在这段时间中,文人园可说是最发达,水平也高,名家辈出,计成《园冶》,总结反映了这时期的造园思想与造园法,而文则以典雅骈骊出之,我怀疑其书必经文人润色过,所以非仅仅匠家之书。继起者李渔《一家言·居室器玩部》，亦典雅行文，李本文学戏曲家也。文震亨《长物志》更不用说了，文家是以书画诗文传世的，且家有名园，苏州艺圃至今犹存。至于园林记必出文人之手，绘景抒情，增色泉石。而园中匾额起点景作用，几尽人皆知的了。

中国园林必置顾曲之处，临水池馆则为其地，苏州拙政园卅六鸳鸯馆、网师园濯缨水阁尽人皆知者。当时俞振飞先生与其尊人粟庐老人客张氏补园（补园为今拙政园西部），与吴中曲友，顾曲于此，小演于此，曲与园境合而情契，故俞先生之戏具书卷气，其功力实得之文学与园林深也。其尊人墨迹属题于我，知我解意也。

造园言"得体"，此二字得假借于文学，文贵有体，园亦如是。"得体"二字，行文与构园消息相通，因此我曾以宋词喻苏州诸园：网师园如晏小山词，清新不落套；留园如吴梦窗词，七室楼台，拆下不成片段；而拙政园中部，空灵处如闲云野鹤去来无踪，则姜白石之流了；沧浪亭有若宋诗，怡园仿佛清词，皆能从其境界中揣摩得之。设造园者无诗文基础，则人之灵感又自何来？文体不能混杂，诗词歌赋各据不同情感而成之，决不能以小令引慢为长歌，何种感情，何种内容，成何种文体，皆有其独立性。故郊园、市园、平地园、小麓园，各有其体，亭台楼阁，安排布局，皆须恰如其分，能做到这一点，起码如做文章一样，不讥为"不成体统"了。

总之，中国园林与中国文学，盘根错节，难分难离，我认为研究中国园林，似应先从中国诗文入手，则必求其本，先究其源，然后有许多问题可迎刃而解,如果就园论园,则所解不深。姑提这样肤浅的看法,希望海内外专家将有所指正于教我也。

(选自《陈从周散文》,花城出版社,1999年版)

【交流之窗】

中国园林,似乎属于建筑与绘画的艺术。本文却告诉我们,中国园林与中国诗文相互促进,难分难离。文章从园与文、园与人、园与情、园与斋相生相伴来进行阐释。不禁慨叹,无形的文字艺术与有形的园林艺术是相通的。《红楼梦》中有一章"大观园试才题对额",贾宝玉依大观园之景题了许多对联额匾,不禁遐想,依本文看法,美若仙境的大观园是依据什么建成的呢?

小中见大，盆景与山水画相通

王世襄

王世襄（1914—2009），著名学者、文物鉴赏家、收藏家。

盆景原为我国特有的一种园林艺术，有悠久的历史。它在发展过程中，成为庭院布置、室内陈设的一个重要的构成部分，具有鲜明的民族特色和优美的造型风格。经过文化交流，盆景对邻近国家也产生影响，并成为东方园艺的一个象征。

关于盆景的历史，是一个值得考证和探讨的问题，随着考古材料的不断发现，今后一定能逐渐把这个问题搞清楚。不过用推理来判断，应当先有盆栽后有盆景；盆景是当盆栽不能满足需要时，才进一步发展起来的。它们的区别是：盆栽只是把植物栽种入盆。盆景则着重在"景"，一件佳品必须是大自然美妙景色的缩影，而且更集中，更典型，能小中见大，可以身入其境，神游其间，故不是一览无遗，而是趣味隽永。因此盆景显然是盆栽的提高和升华。说到这里，必须指出，日本人把盆景称为"盆栽"，这是非常不恰当的，只能说明他们对盆景艺术的真谛还缺乏认识。

今天常见的盆景大体上可以分为两类：（一）山水盆景；（二）树

木盆景。它们和山水画一样都是大自然的缩影，因此盆景和绘画从来都是相通的。古代许多有关山水画的理论，不仅可以帮助我们去欣赏盆景，也可以辅导我们去制作培育盆景。

元饶自然《绘宗十二忌》把"山无气脉""水无源流"列为两忌。他主张作画"应先定一山为主，从主山分布起伏，余皆气脉相连，形势映带"。在山水盆景选用石材时，同样应先定主山，然后再经营位置周围的峰峦岩石，使彼此气脉相连，顾盼有情。至于山泉溪涧，只要位山得法，自然来源去流，转折皆活，使人仿佛可循流览胜，直至山外的浅濑平沙。

画山水有"三远"之说，即"高远、深远、平远"，具体的解释，几家还略有出入。不过概括起来，不外乎指出画山水要把高度、深度和远度画出来。制作一件山水盆景如同时能把这三远表现出来，自然是上品，即使不能，也不妨着重表现其中的一远或两远。有这样的立意，自然要比漫无章法的任意堆砌要高明得多。

树木盆景要求能用狭土浅壤培育出苍古矫健、姿态动人的老树来，树种以松柏为上。恰好宋韩拙《山水纯全集》对松柏有生动的描写，如译成语体文，大意是："有的挺身高耸到上面又向四方迸枝，有的几经曲折，又俯又仰，有的像在躬身作揖，有的像醉鬼在狂舞，有的像披头散发、手中拿着宝剑，这些都是松树的姿态。又有的像受惊发怒的蛟龙，有的像腾空伏地的龙虎。它们似乎狂怪但又很潇洒，似乎高傲却又躬着身子。有的从山坡一侧倒着立起，却又弯下去喝涧中的水,有的从峻岭上倒挂下来,却又转身翘起,这些都是松树的仪表。"对古柏的形态他又说:"树皮宜扭转,树疤多旋纹,枝多叶却少,老节要透空,势若蛟龙,身去又弯回,尽荡逸纵横之态。"这些描写对登山涉野去挖掘什么样的老树桩,选用何等样的盆盎栽种并如何栽种,枝干的去留,树根的搜提,直至细枝的修剪盘扎,都有一定的指导意义。

盆景和绘画从来都是相通的。如果说一位画家是用笔墨颜色在纸绢上重视自然,并在更高的高度上概括自然的话,那么一位园艺家是用更接近真实但是具体而微的材料在盆盎中重现自然和概括自然。园艺家和画家一样必须付出辛勤的劳动。这劳动不仅是去观察、认识、重现和概括自然,外加上还有选掘、栽种、灌溉、剪扎、培育等一系列的繁重劳动。如果我们遇见一件好盆景,能使观赏者留恋片刻,于此稍得佳趣,我们不应当忘记制作培育者所付出的大量劳动。

(选自《百年美文》,百花文艺出版社,2009年版)

【交流之窗】

盆景,可谓立体的山水画。它与山水画有哪些相通之处呢?布置须主次分明,气脉相连;要能表现"高远、深远、平远"的意境,选材以松柏为主,要能重现与概括自然。你赞同作者的这些观点?龚自珍在《病梅馆记》中表现了对"曲、欹、疏"之梅的同情与疗救。你认为艺术是应该礼赞生命,还是为了艺术可以对生命进行阉割?

第八编
艺术大师

⊙ 邢永峰绘

第八编 艺术大师

法国雕塑家罗丹的《青铜时代》《思想者》、德国音乐家贝多芬的第五交响曲《命运》、英国著名喜剧演员卓别林的《摩登时代》……这些杰出的艺术作品，极具艺术感染力和震撼力，给欣赏者极大的美的享受。创作出如此优秀艺术作品的艺术大师，是怎样的人，有着怎样异于常人的特质呢？

艺术大师是一个思想丰富而深刻的人。鲁迅先生就曾说过，画家所画的，雕塑家所雕塑的"表面上是一张画、一个雕像，其实是他的思想和人格的表现"。一个思想空虚，缺乏对社会与人生有深刻认识的人是难以产生丰富的、强烈的审美情感的，因而也不会成为优秀艺术家。优秀艺术家在创作的过程中始终离不开具体的形象，同时艺术中的形象，又是渗透了艺术家深刻理性思考的形象。

卓别林通过夏尔洛体验的世态炎凉，来表现他的人道精神。在《摩登时代》一片里，他描绘工人夏尔洛给滑轮灌油，被卷进机器里又转悠出来，周而复始，变为福特工厂汽车生产流水线上一个人性异化的螺钉，一个为资本生利的零件。

艺术大师是有独特个人魅力的人。敢于表达自我，善于表达自我，有独特的眼光，以自己独特的方式观察事物，用自己的眼光去看别人见过的东西，在别人司空见惯的东西上发现出美来。一意孤行，绝不重复别人，哪怕是冒着险去推倒一切既存的偏见，也要独持己见。一个平凡的普通的极易被忽视的场景，经过艺术家独具慧眼的诗意的转换，都有可能被化为一幅杰作。每件艺术品的生命力，也正在于它独特的诉求。也因此，艺术世界五彩斑斓，缤纷炫目，美不胜收，令人流连忘返。

罗丹说："热爱大自然，是我生命的核心。"热爱大自然，是否也应该是每个艺术大师的生命核心呢？一个优秀的艺术大师，还有哪些特质呢？

让我们一起慢慢欣赏第八篇的美文吧，一起走进艺术大师的世界，感受大师们的思想和人格魅力，学习大师们对艺术执着探索的精神，做一个出色的艺术欣赏者。

把栏杆拍遍

梁 衡

梁衡，生于1946年，著名学者、作家、新闻理论家。

中国历史上由行伍出身，以武起事，而最终以文为业，成为大诗词作家的只有一人，这就是辛弃疾。这也注定了他的词及他这个人在文人中的唯一性和在历史上的独特地位。

在我看到的资料里，辛弃疾至少是快刀利剑地杀过几次人的。他天生孔武高大，从小苦修剑法。他又生于金宋乱世，不满金人的侵略蹂躏，22岁时他就拉起了一支数千人的义军，后又与耿京为首的义军合并，并兼任书记长，掌管印信。一次义军中出了叛徒，将印信偷走，准备投金。辛弃疾手提利剑单人独马追贼两日，第三天提回一颗人头。为了光复大业，他又说服耿京南归，南下临安亲自联络。不想就这几天之内又变生肘腋，当他完成任务返回时，部将叛变，耿京被杀。辛大怒，跃马横刀，只率数骑突入敌营生擒叛将，又奔突千里，将其押解至临安正法，并率万人南下归宋。说来，他干这场壮举时还只是一个英雄少年，正血气方刚，欲为朝廷痛杀贼寇，收复失地。

但世上的事并不能心想事成。南归之后，他手里立即失去了钢刀利剑,就只剩下一支羊毫软笔,他也再没有机会奔走沙场,血溅战袍,而只能笔走龙蛇,泪洒宣纸,为历史留下一声声悲壮的呼喊,遗憾的叹息和无奈的自嘲。

应该说,辛弃疾的词不是用笔写成,而是用刀和剑刻成的。他是以一个沙场英雄和爱国将军的形象留存在历史上和自己的诗词中。时隔千年,当今天我们重读他的作品时,仍感到一种凛然杀气和磅礴之势。比如这首著名的《破阵子》:

> 醉里挑灯看剑,梦回吹角连营,八百里分麾下炙,五十弦翻塞外声。沙场秋点兵。　　马做的卢飞快,弓如霹雳弦惊。了却君王天下事,赢得生前身后名。可怜白发生。

我敢大胆说一句,这首词除了武圣岳飞的《满江红》可与之媲美外,在中国上下五千年的文人堆里,再难找出第二首这样有金戈之声的力作。虽然杜甫也写过"射人先射马,擒贼先擒王",卢纶也写过"欲将轻骑逐,大雪满弓刀"。但这些都是旁观式的想象、抒发和描述,哪一个诗人曾有他这样亲身在刀刃剑尖上滚过来的经历?"列舰层楼""投鞭飞渡""剑指三秦""西风塞马",他的诗词简直是一部军事辞典。他本来是以身许国,准备血洒大漠,马革裹尸的。但是南渡后他被迫脱离战场,再无用武之地。像屈原那样仰问苍天,像共工那样怒撞不周,他临江水,望长安,登危楼,拍栏杆,只能热泪横流。

> 楚天千里清秋，水随天去秋无际。遥岑远目，献愁供恨，玉簪螺髻。落日楼头，断鸿声里，江南游子，把吴钩看了，栏杆拍遍，无人会、登临意。（《水龙吟》）

谁能懂得他这个游子，实际上是亡国浪子的悲愤之心呢？这是他登临建康城赏心亭时所作。此亭遥对古秦淮河，是历代文人墨客赏心雅兴之所，但辛弃疾在这里发出的却是一声悲怆的呼喊。他痛拍栏杆时一定想起过当年的拍刀催马，驰骋沙场，但今天空有一身力，一腔志，又能向何处使呢？我曾专门到南京寻找过这个辛公拍栏杆处，但人去楼毁，早已了无痕迹，唯有江水悠悠，似词人的长叹，东流不息。

辛词比其他文人更深一层的不同，是他的词不是用墨来写，而是蘸着血和泪涂抹而成的。我们今天读其词，总是清清楚楚地听到一个爱国臣子，一遍一遍地哭诉，一次一次地表白；总忘不了他那在夕阳中扶栏远眺、望眼欲穿的形象。

辛弃疾南归后为什么这样不为朝廷喜欢呢？他在一首《戒酒》的戏作中说："怨无大小，生于所爱；物无美恶，过则成灾。"这首小品正好刻画出他的政治苦闷。他因爱国而生怨，因尽职而招灾。他太爱国家、爱百姓、爱朝廷了。但是朝廷怕他，烦他，忌用他。他作为南宋臣民共生活了40年，倒有近20年的时间被闲置一旁，而在断断续续被使用的20多年间又有37次频繁调动。但是，每当他得到一次效力的机会,就特别认真,特别执着地去工作。本来有碗饭吃便不该再多事,可是那颗炽热的爱国心烧得他浑身发热。40年间无论在何地何时任何职,甚至赋闲期间,他都不停地上书,不停地唠叨,一有机会还要真抓实干,练兵、筹款,整饬政务,时刻摆出一副要冲上前线的样子。你想这能不让主和苟安的朝廷心烦?他任湖南安抚使,这本是一个地方行政长官,他却在任上创办了一支2500人的"飞虎军",铁甲烈马,威风凛凛,雄镇江南。建军之初,造营房,恰逢连日阴雨,无法烧制屋瓦。他就令长沙市民,每户送瓦20片,立付现银,两日内便全部筹足。其施政的干练作风可见一斑。后来他到福建任地方官,又在那里招兵买马。闽南与漠北相隔何远,但还是隔不断他的忧民情、复国志。他这个书生,这个工作狂,实在太过了,"过则成灾",终于惹来了许多的诽谤,甚至说他独裁、犯上。皇帝对他也就时用时弃。国有危难时招来用几天;朝有谤言,又弃而闲几年,这就是他的基本生活节奏,也是他一生最大的悲剧。别看他饱读诗书,在词中到处用典,甚至被后人讥为"掉书袋"。但他至死,也没有弄懂南宋小朝廷为什么只图苟安而不愿去收复失地。

辛弃疾名弃疾,但他那从小使枪舞剑、壮如铁塔的五尺身躯,何尝有什么疾病?他只有一块心病:金瓯缺,月未圆,山河碎,心不安。

郁孤台下清江水,中间多少行人泪。西北望长安,可怜无数山。　青山遮不住,毕竟东流去。江晚正愁予,山深闻鹧鸪。

这是我们在中学课本里就读过的那首著名的《菩萨蛮》。他得的是心郁之病啊。他甚至自嘲自己的姓氏：

> 烈日秋霜，忠肝义胆，千载家谱。得姓何年，细参辛字，一笑君听取。艰辛做就，悲辛滋味，总是酸辛苦。更十分，向人辛辣，椒桂捣残堪吐。（《永遇乐》）

你看"艰辛""酸辛""悲辛""辛辣"，真是五内俱焚。世上许多甜美之事，顺达之志，怎么总轮不到他呢？他要不就是被闲置，要不就是走马灯似的被调动。1179年，他从湖北调湖南，同僚为他送行时他心情难平，终于以极委婉的口气叹出了自己政治的失意。这便是那首著名的《摸鱼儿》：

> 更能消几番风雨，匆匆春又归去。惜春长，怕花开早，何况落红无数。春且住！见说道，天涯芳草无归路。怨春不语。算只有殷勤画檐蛛网，尽日惹飞絮。　　长门事，准拟佳期又误。蛾眉曾有人妒。千金纵买相如赋，脉脉此情谁诉？君莫舞，君不见，玉环飞燕皆尘土。闲愁最苦。休去依危栏，斜阳正在，烟柳断肠处。

据说宋孝宗看到这首词后很不高兴。梁启超评曰："回肠荡气，至于此极,前无古人,后无来者。""长门事"是指汉武帝的陈皇后遭忌被打入长门宫里。辛以此典相比,一片忠心、痴情和着那许多辛酸、辛苦、辛辣,真是打翻了五味坛子。今天我们读时,每一个字都让人一惊,直让你觉得就是一滴血,或者是一行泪。确实,古来文人的惜春之作,多得可以堆成一座纸山。但有哪一首,能这样委婉而又悲愤地将春色化入政治,诠释政治呢?美人相思也是旧文人写滥了的题材,有哪一首能这样深刻贴切地寓意国事,评论正邪,抒发忧愤呢?

但是南宋朝廷毕竟是将他闲置了20年。20年的时间让他脱离政界,只许旁观,不得插手,也不得插嘴。辛在他的词中自我解嘲道:"君恩重,且教种芙蓉!"这有点像宋仁宗说柳永:"且去浅斟低唱,何要浮名?"柳永倒是真的去浅斟低唱了,结果唱出一个纯粹的词人艺术家。辛与柳不同,你想,他是一个大碗喝酒,大块吃肉,痛拍栏杆,大声议政的人。报国无门,他便到赣南修了一座带湖别墅,咀嚼自己的寂寞。

> 带湖吾甚爱,千丈翠奁开。先生杖屦无事,一日走千回。凡我同盟鸥鹭,今日既盟之后,来往莫相猜。白鹤在何处,尝试与谐来。　　破青萍,排翠藻,立苍苔。窥鱼笑汝痴计,不解举吾杯。废沼荒丘畴昔,明月清风此夜,人世几欢哀。东岸绿荫少,杨柳更须栽。(《水调歌头》)

这回可真的应了他的号："稼轩"，要回乡种地了。一个正当壮年又阅历丰富、胸怀大志的政治家，却每天在山坡和水边踱步，与百姓聊一聊农桑收成之类的闲话，再对着飞鸟游鱼自言自语一番，真是"闲愁最苦""脉脉此情谁诉"？

说到辛弃疾的笔力多深，是刀刻也罢，血写也罢，其实他的追求从来不是要做一个词人。郭沫若说陈毅："将军本色是诗人"。辛弃疾这个人，词人本色是武人，武人本色是政人。他的词是在政治的大磨盘间磨出来的豆浆汁液。他由武而文，又由文而政，始终在出世与入世间矛盾，在被用或被弃中受煎熬。作为封建知识分子，对待政治，他不像陶渊明那样浅尝辄止，便再不染政；也不像白居易那样长期在任，亦政亦文。对国家民族他有一颗放不下、关不住、比天大、比火热的心；他有一身早练就、憋不住、使不完的劲。他不计较"五斗米折腰"，也不怕谗言倾盆。所以随时局起伏，他就大忙大闲，大起大落，大进大退。稍有政绩，便招谤而被弃；国有危难，便又被招而任用。他亲自组练过军队，上书过《美芹十论》这样著名的治国方略。他是贾谊、诸葛亮、范仲淹一类的时刻忧心如焚的政治家。他像一块铁，时而被烧红锤打，时而又被扔到冷水中淬火。有人说他是豪放派，继承了苏东坡，但苏的豪放仅止于"大江东去"，山水之阔。苏正当北宋太平盛世，还没有民族仇、复国志来炼其词魂，也没有胡尘飞、金戈鸣来壮其词威。真正的诗人只有被政治大事（包括社会、民族、军事等矛盾）所挤压、扭曲、拧绞、烧炼、锤打时才可能得到合乎历史潮流的感悟，才可能成为正义的化身。诗歌，也只有在政治之风的鼓荡下，才能飞翔，才能燃烧，才能炸响，才能振聋发聩。学诗功夫在诗外，诗歌之效在诗外。我们承认艺术本身的魅力，更承认艺术加上思想的爆发力。有人说辛词其实也是婉约派，多情细腻处不亚柳永、李清照。

近来愁似天来大，谁解相怜？谁解相怜？又把愁来做个天。

都将今古无穷事，放在愁边。放在愁边，却自移家向酒泉。

（《丑奴儿》

少年不识愁滋味，爱上层楼。爱上层楼，为赋新词强说愁。

而今识尽愁滋味，欲说还休。欲说还休，却道天凉好个秋。

（《丑奴儿》）

柳李的多情多愁仅止于"执手相看泪眼""梧桐更兼细雨"，而辛词中的婉约言愁之笔，于淡淡的艺术美感中，却含有深沉的政治与生活哲理。真正的诗人，最善以常人之心言大情大理，能于无声处炸响惊雷。

我常想，要是为辛弃疾造像，最贴切的题目就是"把栏杆拍遍"。他一生大都是在被抛弃的感叹与无奈中度过的。当权者不使为官，却为他准备了锤炼思想和艺术的反面环境。他被九蒸九晒，水煮油炸，千锤百炼。历史的风云，民族的仇恨，正与邪的搏击，爱与恨的纠缠，知识的积累，感情的浇铸，艺术的升华，文字的锤打，这一切都在他的胸中、他的脑海，翻腾、激荡，如地壳内岩浆的滚动鼓胀，冲击积聚。既然这股能量一不能化作刀枪之力，二不能化作施政之策，便只有一股脑地注入诗词，化作诗词。他并不想当词人，但武途政路不通，历史歪打正着地把他逼向了词人之道。终于他被修炼得连叹一口气，也是一首好词了。说到底，才能和思想是一个人的立身之本。像石缝里的一棵小树，虽然被扭曲、挤压，成不了旗杆，却也可成一条遒劲的龙头拐杖，别是一种价值。但这前提，你必须是一棵树，而不是一棵草。从"沙场秋点兵"到"天凉好个秋"；从决心为国弃疾去病，到最后掰开嚼碎，识得辛字含义，再到自号"稼轩"，同盟鸥鹭，辛弃疾走过了一个爱国志士、爱国诗人的成熟过程。诗，是随便什么人就可以写的吗？诗人，能在历史上留下名的诗人，是随便什么人都可以当的吗？"一将成名万骨枯"，一员武将的故事，还要多少持刀舞剑者的鲜血才能写成。那么，有思想光芒而又有艺术魅力的诗人呢？他的成名，要有时代的运动，像地球大板块的冲撞那样，他时而被夹其间感受折磨，时而又被甩在一旁被迫冷静思考。所以积300年北宋南宋之动荡，才产生了一个辛弃疾。

（选自《把栏杆拍遍》，东方出版中心，2006年版）

【交流之窗】

辛弃疾的词"是用刀和剑刻成的""是蘸着血和泪涂抹而成

的"，读他的作品，能深深感受到凛然杀气、磅礴之势、悲愤之心、悲壮之情。同时，他的有些词作，又不乏细腻柔媚。笔力深厚的辛弃疾却是行伍出身，志在成为沙场英雄。如此能文能武满怀爱国热忱的南宋臣民，其"一生大都是在被抛弃的感叹与无奈中度过的"，这是怎样的悲哀？！尽管说"诗家不幸文章幸"，但我们是不是也应该深思：南宋小朝廷为什么只图苟安而不愿去收复失地呢？再想一想，屈原、李白、柳宗元、苏轼、范仲淹、欧阳修……历代壮志难酬的文人怎么那么多呢？

卓别林——夏尔洛

乔治·萨杜尔　　韩　默　徐继曾　译

乔治·萨杜尔（1904—1967），法国电影史家、影评家。

我们今天还可以在电影博物馆里看到一部很旧的影片，它的名字叫《在阵雨之间》。在这部滑稽片里，一个流浪汉和一个纨绔子弟，为了争夺一把雨伞和一个美貌女郎的垂青而吵闹起来。流浪汉戴一顶圆顶帽，穿一件短上衣，一条过肥的裤子，奇特的背心，戴着领结和硬领。他的衣服又脏又破，但这个穷汉子竭力想装得像个绅士。这个小人物耍了一些花招，终于把雨伞弄到手，又找到了那个女郎，两人孤独地出现在一个荒凉的公园里。他突然转过身去，把雨伞当作手杖，像鸭子一样蹒跚地走开了……

1914年2月28日第一批看到《在阵雨之间》这部滑稽片的观众们，可以说一句："我看到夏尔洛的诞生……"

《在阵雨之间》是卓别林所演的第四部影片。卓别林是在1911年初乘船到美国的，在最初的两个月里，他还不能决定究竟以哪一种角色姿态在电影上出现才好。演了十部影片后，他才做出了最后的决定。自1914年春季开始，到第二次世界大战为止，卓别林每次在银幕上出现时总是留着小胡子,带着手杖,穿着过大的短靴,走着像鸭子一样的步伐。卓别林选择了这样一个典型的英国人形象,一个想冒充绅士的穷汉子,但在启斯东时代,卓别林根本还没有完全了解——说得更正确些应该还没有完全创造出——我们今天称之为"夏尔洛"的这个人物。卓别林那时的外貌已经跟后来的"夏尔洛"完全一样,但这还是一个没有灵魂的外壳而已。

卓别林的风格和作品在1916年底产生了急剧的变化,不过这种艺术的变化被卖座的盛况遮盖得显不出来。直到《安乐街》这部完美的古典作品问世后,夏尔洛的形象才第一次显出了它的巨大光辉。艺术家完全放弃了投人所好的做法,他成了他自己和他的天地的主宰。

他之所以能在27岁时就获得这样高的成就,是因为他能够不被自己在孤星摄影场所获得的名声冲昏头脑。当他到孤星工作后不久——在1916年的某一天,一盆冷水使他清醒过来。他在谈到这点时说:

"我那时只有一个愿望,就是讨好爱好我的观众。为了这,我只要把我知道准有把握成功的那一套,把那些准能引起他们哄堂大笑的效果供给他们就行了,纵使这些效果根本和真正应有的动作毫不相关,也没有关系……"

"就在这样自满的时候,在《夏尔洛当救火员》放映的第二天,我被泼了一盆冷水。那是一个我从没见过面的不相识的人泼的。他给我写了一封信,上面说:'我很担心您会变成观众的奴隶。恰巧相反,观众是您的奴隶。夏尔洛,观众是喜欢做奴隶的。"

"自从接到这一封信以后,我就竭力避免投一般观众之所好。我依照我自己的兴趣,它却更恰当地给予了观众们以他们真正期待于我的东西。"

卓别林并不认为群众必须成为他的个性的奴隶,他认为当演员的唯一原因就是要表达大众的情绪。

1935年夏天,卓别林的"第五号作品"《摩登时代》与观众见面。

在《摩登时代》中,夏尔洛挑选了一个相当摩登的职业,他是一家大工厂的工人。在这家工厂里,一切都是机械化,经理通过电视可以清楚地看到任何一个角落。工人在从事工作时像一些身在屠宰场上的羔羊,时刻都处在非常紧张的情况下。工人夏尔洛常常一不经心就打乱了传送带的工作,他的那份工作是永远不停地拧紧一颗颗螺丝钉。

"吃饭机"证实行不通后,经理就下令加快机器的速度。传送带的加速和工作的单调使夏尔洛丧失了理智,他像白痴一般跳起舞,把女人的衣钮当作螺丝钉,他把机油倒在工长、警官和护士的身上。他被关进了疯人院……等他病愈出院,却失掉了职业。

他在街上流浪,却被误抓进了监狱。但他觉得在监狱里要比在工厂中干活舒服得多。出狱后,他进了一家造船厂,却把一条还没造好的船放下了海。夏尔洛又失业了,他设法使自己能被抓进监狱去,因为在那里倒是有吃有住的。

在危机或不景气的十年中,没有一部美国影片曾经敢像《摩登时代》那样大胆地直接接触失业问题或资本主义统治所造成的其他后果。我们可以把卓别林看作是另一个时代的人物,因为在好莱坞,戏剧片除了表现一些简直是下流的东西以外就没有其他什么了。

(选自《卓别林的一生》,中国电影出版社,1980年版)

【交流之窗】

能够表达大多数观众情绪的艺术,才能够深入人心,引起共鸣。但是艺术如果投一般观众所好,容易陷入低级和庸俗的境地。如何处理"投一般观众所好"与"保持自己的艺术个性"呢?卓别林表演的"夏尔洛"形象——从一个没有灵魂的外壳到这个艺术形象放射出巨大的光辉,给出了答案。"投观众所好"与"保持自己的艺术个性",常常是矛盾的,但在这个方面,卓别林无疑处理得很成功,因而获得第44届奥斯卡终生成就奖。

朝圣希腊

伊莎多拉·邓肯　　张明彬　译

伊莎多拉·邓肯（1878—1927），美国舞蹈家、现代舞的创始人。

我永远也忘不了这次奇妙的旅程，我们穿越蒂罗尔山，从山的南面顺坡而下，来到了翁布里亚平原。

我们在佛罗伦萨下了火车，然后用了几个星期的时间愉快地到处游览，看遍了美术馆、公园和橄榄园。在那段时间里，是波提切利吸引了我这颗年轻的心。一连几天，我在意大利画家波提切利的名画《春》前一坐就是几个小时。受这幅名画的启发，我创作了一段舞蹈，努力去表现这幅画中所呈现出来的那种柔和、奇妙的动感。鲜花盛开的大地柔和起伏，山林女神们围成一个圆圈，风之神的凌空飞舞，这一切都环绕着中心人物——她一半是阿芙洛狄特，一半是圣母玛利亚，用一个很有意味的手势象征着春天孕育万物。

我在这幅画前坐着看了好几个小时，完全被它迷住了。一个善良的老管理员给我拿来一张凳子，并好奇而又饶有兴趣地观察我看画时的表情。我一直在那里坐着，结果我真的看到了鲜花在勃勃生长，赤裸的腿在翩翩起舞，画中人的身体在轻轻摇摆，而欢乐的使者来到我的身旁。于是我想:"我一定要把这幅画编成舞蹈,把爱的信息——曾经使我痛苦万分的爱的信息,以及春天——孕育万物的春天,带给人们。我一定要用舞蹈把我感受到的这种巨大的喜悦传递给人们。"

到闭馆的时间了,我还坐在画前不肯离去,想通过这美好而神秘的一瞬间发现春天的真谛。我感觉到目前为止,生活都是一种漫无目的的盲目追求;我相信,如果我能找到这幅画的秘密,就可以为人们指出一条多姿多彩、充满欢乐的生命之路。记得那时我对生命的看法就如同一个带着良好的愿望走向战场的人,他受了重伤,反思过去,他这样说道:"为什么我不拯救别人免遭这种残杀呢?"

这就是我在佛罗伦萨面对波提切利的《春》所作的思索,后来我就努力将它编成了舞蹈。在里面,甜蜜的异教徒生活时隐时现,阿芙洛狄特的光辉通过更为仁慈温柔的圣母的形象来表现,阿波罗就像圣塞巴斯蒂安一样来到嫩芽初上的树林中!啊,所有这一切就像充满欢乐的暖流涌进我的胸膛,我急切地想把它们表现在我的舞蹈中——我称之为《未来之舞》。

在佛罗伦萨的一座古老宫殿的大厅里,伴着意大利作曲家蒙特威尔第和早期的一些不知名的作曲家的音乐,我为当地艺术界的一些人表演了舞蹈。我还根据为古提琴写的曲子,创编了一段舞蹈,表现的是一位天使在演奏想象中的小提琴。

(选自《我的爱,我的自由》,江苏文艺出版社,2014年版)

【交流之窗】

邓肯认为，舞蹈应该自始至终都表现生命，她的舞蹈，追求"通过人体动作神圣地表现人类精神"。受波提切利的名画《春》的启发而创作的一段舞蹈，她想要传递给人们的是什么呢？作为舞蹈家的邓肯，为什么可以在一幅画前坐上好几个小时呢？

第九编
艺术三昧

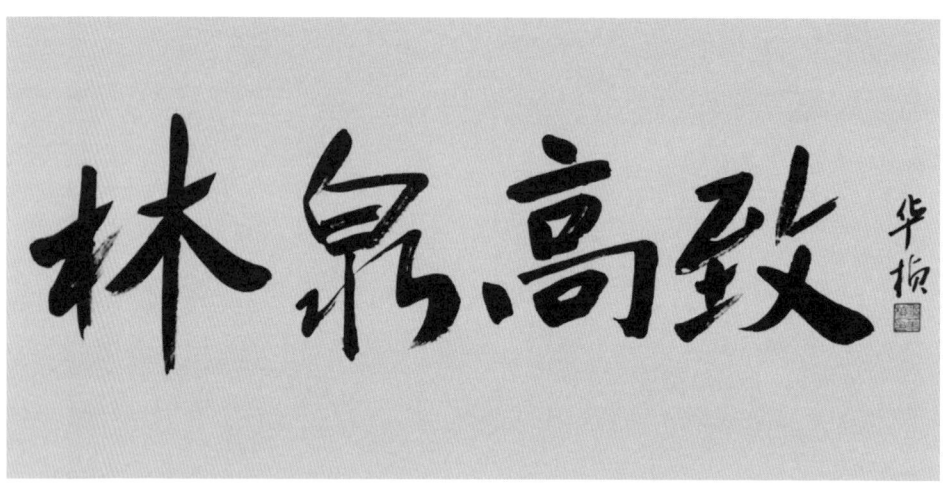

⊙ 林泉高致　邹华桢书

第九编 艺术三昧

"艺术三昧"是什么？"三昧"乃佛教用语，意为止息杂念，使心神平静，是佛教修行之法，借指事物的要领、真谛。"艺术三昧"就是艺术的真谛。的确如此，要领悟艺术的真谛，须进入虚静的境界。要排除内心杂念，让自己的心处于空灵的境界，这样才能进入艺术家为我们创造的艺术境界。

艺术的力量在于"生命的召唤"。艺术的本质是感性的，艺术家通过作品为我们创造了充满想象力的艺术空间，通过塑造高度凝练的艺术形象，留下许多空白，形成一种"召唤结构"，召唤我们赋予这些空白以确定的意义，从而完成艺术的再创造。

艺术的价值在于"生命的重塑"。"艺术可以变动世间的人的生活、人的相貌。艺术家常是敏感的，常是时代的先驱者"，"艺术家创造未来的世界，众人当然跟了他实行。艺术家创造未来的自然，自然也会因了培养的关系而跟了他变形"。

艺术的特质在于"多样的统一"。"要统一，又要多样；要规则，又要不规则；要不规则的规则，规则的不规则；要一中有多，多中有一。"而宇宙的真谛也在于万象浑融，所谓"一粒沙里见世界""万物皆备于我"。

艺术的园地在于"百花尽绽春"。书、画、金、雕、建、工、照、音、舞、文、剧、影，各园共通，多部修习，健全人格。书法、音乐，艺术最高境界，绘画最发达境，金石精小境，雕塑绘画接壤境，建筑繁华境，工艺浅显境，照相模仿绘画境，舞蹈紧邻音乐境，文学最广境，演剧音、舞、文相通境，电影总摄音、舞、文、剧境，这里既有静谧境，又有流动境，"可谓气象万千，美不胜收""爱美诸君，盍兴乎来！"

艺术的创作在于"热爱与亲近"。只有发自内心的"热爱"，俯下身来的"亲近"，设身处地的体验，才能抛开固有的成见，深入生活，贴近心灵，触摸到自然、社会、人生的美，创造伟大的艺术。

艺术的效果在于"引人向高处"。挣脱尘俗的羁绊，回归心灵的自由；卸下虚妄的伪饰，回归生命的天真；远离人生的功利，回归"相看两不厌，只有敬亭山"物我浑融、天人合一的本然！

艺术的使命在于社会的担当。"真正的大艺术家要做社会良知的监护者，是社会道德结构中的坚实基石。能够在灵与肉、正与邪、善与恶、惘与醒、义与利的矛盾对抗中，思考人生、生命和艺术的价值，升华自己的境界。"

艺术世界的空筐结构（节选）

赵鑫珊

赵鑫珊，生于1938年，当代作家。

艺术世界之所以具有永久的魅力，原因之一，就在于它像纯粹数学一样，具有"空筐"结构的性质。

大家知道，数学是2+3=5这样一门抽象的科学。例如："两头牛加三头牛等于五头牛""两棵树加三棵树等于五棵树"，人类第一个伟大的数学家正是从这类具体的事实概括出了这样一个达四海亘古今、囊括宇宙万物的伟大的抽象公式：2+3=5，它好比是说："两只空筐加三只空筐等于五只空筐。"筐子的"空"，是为了能随意装进天地间万物。如果只能装一样东西，倒不出来，那数学的用处就极有限了。

有趣的是，艺术伟力的源泉之一，也在于它向我们提供了一种"空筐"，其中尤以音乐最为典型。就是说在一切艺术中，当推音乐"空筐"最"空"，最具有弹性。如果说，牛顿和爱因斯坦的成就之一，在于他们分别提供了两个伟大的"空筐"：$F=ma$和$E=mc^2$，那么，贝多芬的成就却在于他向人类文化宝库提供了好几个雄视百代、卓然独立于千古的音乐"空筐"：《英雄》《命运》《田园》和《第九》四部交响曲。这些"筐"竟是如此的"空",它们要求乐队指挥、演奏家和广大听众把各自的内外阅历统统放进去。因此,有海菲茨的贝多芬,也有梅纽因和小泽征尔的贝多芬,同时还有张三、李四的贝多芬。

20岁欣赏《命运交响曲》,同40岁重聆这部作品时的感受是很不同的,——如果你在这20年间,饱受事变,经历了坎坷人生的话。之所以有这种效果,正是因为音乐艺术具有"空筐"性质。这种性质的音乐心理学基础,便是自由联想。所谓"空筐",正是艺术家为万千观众提供的发挥想象力的空间。爱因斯坦一再强调想象力比知识更重要,这不仅是指理论物理学和数学研究而言,而且也是人们欣赏艺术作品时最重要的素质。可以说"空筐"是为想象力而设置的,"空筐"要求万千听众用自己的想象力去进行再创作。

诗歌的"空筐"性质也是很显著的。比如,李商隐的杰作《乐游原》便是一个典型的"空筐":"向晚意不适,驱车登古原。夕阳无限好,只是近黄昏。"你有你的"夕阳",我有我的"无限好";也许,你的"夕阳"和"黄昏",比李商隐的"夕阳"和"黄昏"还要丰富得多,这不仅不违背原诗的本意,而且正说明原诗的成功。我以为诗人的艺术成就如何,全看他创造了多少个"空筐",李白、杜甫创造的"空筐"恐怕最多、最好。宋朝学者张炎主张"词要清空,不要质实"乃是"空筐"说的另一种表述。

大致来说,艺术分两大类:情节类和情态类。前者的"筐"较"实",后者则较"空"。在一生中,我们至多只想把《福尔摩斯探案》

这类小说重读三遍，可是在我们一生中，却可以把贝多芬的《命运》重聆一百遍。因为前者属于情节类作品，而后者属于情态类的艺术，具有恒听恒新的性质；或者说，它的永久生命力，并不在于自身的情节，而在于它提供给我们的是一个不断可以把新的人生体验放进去的"空筐"。一般来说，文化素养较低者更倾向于情节类艺术作品，因为这类作品不特别要求观众（读者、听众）用自己的想象力去主动地进行再创作。与此相反，文化素养较高者，则更倾向于情态类艺术作品。因为他在这类作品中发现了一个驰骋自己想象力的广大空间，发现了一个可以满足自己精神需要的广大世界。

（选自《小演奏家》，2004年第2期）

【交流之窗】

"空筐结构"是什么？是艺术家为万千欣赏者提供的调动想象力的空间。"空"是艺术美的体积，"筐"是它的限度。空筐结构，指的是艺术里的形象、氛围、情趣及供欣赏者自由联想与想象并参与艺术再创造的广阔的艺术世界。它是艺术意境外延的总称。它存在于一切艺术形式之中，但程度不同。音乐、诗歌等艺术内容高度凝练、抽象概括，以实带虚，留下许多空白（空筐），形成一种"召唤结构"，需要欣赏者发挥想象力和创造力赋予这些空白以确定的意义，完成艺术的再创造。

从梅花说到艺术

丰子恺

"寻常一样窗前月,才有梅花便不同"。不同在于何处?我们只能感到而不能说出。只是像吃糖一般地感到一下子甜,而无以记录站在窗前所切实地经验的这微妙的心情,我们总不甘心。于是就有聪明的人出来,煞费苦心地设法表现这般心情。这等人就是艺术家,他们所作的就是艺术。

对于窗前的梅花,在我们只能观赏一下,至多低徊感叹一下。但在宋朝的梅花画家杨无咎,就处处是杰作的题材;在词人姜白石,可为暗香、疏影的动机。我们看了梅花的横幅,读了《暗香》《疏影》,往往觉得比看到真的梅花更多微妙的感动,于此可见艺术的高贵!我有时会疏慢地走过篱边,而会不注意于篱角的老梅,有时虽注意了,而并无何等浓烈的感兴。但窗间的横幅,可在百忙之中牵惹我的眼睛,使我注意到梅的清姿。可见凡物一入画中便会美起来。梅兰竹菊,实物都极平常。真的梅树不过是几条枯枝;真的兰叶不过是一种大草;真的竹叶散漫不足取;真的菊花与无名的野花也没有什么大差别,经过了画家的表现,方才美化而为四君子。这不是横幅借光梅花的美,而是梅花借光横幅的美。梅花受世人的青眼，全靠画家的提拔。世间的庸人俗子，看见了梅兰竹菊都会啧啧称赏，其实他们何尝自能发现花卉的美！他们听见画家有四君子之作，因而另眼看待它们。另眼看待之后，自然对于它们特别注意；特别注意的结果，也会渐渐地发现其可爱了。

我幼年时候，看见父亲买兰花供在堂前，心中常是不解他的用意。在我看来，那不过是一种大草，种在盆里罢了，怎么值得供在堂前呢？后来年纪稍长，有一天偶然看见了兰的画图，觉得其浓淡肥瘦，交互错综的线条，十分美秀可爱，就恍然悟到了幼时在堂前见惯的"种在盆里的大草"。自此以后，我看见真的兰花，就另眼看待而特别注意，结果觉得的确不错，于是"盆里的大草"就一变而为"王者之香"了。世间恐怕不乏我的同感者呢。

有人说：人们不是为了悲哀而哭泣，乃为了哭泣而悲哀的。在艺术上也有同样的情形，人们不是感到了自然的美而表现为绘画，乃表现了绘画而感到自然的美。换言之，绘画不是模仿自然，自然是模仿绘画的。

英国诗人王尔德（Wilde，1854—1900）有"人生模仿艺术"之说。从前的人，都以为艺术是模仿人生的。例如文学描写人生，绘画描写景物。但他却深进一层，说"人生模仿艺术"。小说可以变动世间的人的生活，图画可以变动世间的人的相貌。"人生模仿艺术"之说，绝不是夸张的。理由说来很长，不是这里所可涉猎。简言之，因为艺术家常是敏感的，常是时代的先驱者。世人所未曾做到的事，艺术家有先见之明。所以艺术家创造未来的世界，众人当然跟了他实行。艺术家创造未来的自然，自然也会因了培养的关系而跟了他变形。梅花经过了杨无咎与姜白石的描写，而渐渐地美化。今日的梅花，一定比宋朝以前的梅花美丽得多了。

我们再来欣赏梅花罢。在树上的是梅花的实物，在横幅中的是梅花的画，在文学中的是梅花的词。画与词都是艺术品。艺术品是因了材料而把美具体化的。材料不同，有的用纸，有的用言语，有的用大理石，有的用音，即成为绘画、文学、雕刻、音乐等艺术。无论哪一种艺术都是借一种物质而表现，而诉于我们的感觉的。

我们先看梅花的画，次读《暗香》《疏影》的词，就觉得滋味完全不同。即绘画中的梅花与文学中的梅花，表现方法完全不同。绘画中描出梅花的形状，诉于我们的视觉，而在我们心中唤起一种美的感情。文学却不然：并没有梅花的形状，而只有一种话，使我们读了这话而在心中浮出梅花的姿态来。试读《暗香》：

> 旧时月色，算几番照我梅边吹笛。唤起玉人，不管清寒与攀摘。何逊而今渐老，都忘却春风词笔。但怪得竹外疏花，香冷入瑶席。江国正寂寂。叹寄与路遥，夜雪初积。翠尊易泣，红萼无言耿相忆。长记曾携手处，千树压，西湖寒碧。又片片，吹尽也，几时见得？

"旧时月色，算几番照我梅边吹笛"一句，可使人脑中浮出一片月照梅花的景象和许多梅花以外的背景（月、笛、我）。读到"竹外疏花，香冷入瑶席"，恍然思起幽静别院的雅会。读到"千树压，西湖寒碧"，又梦见一片香雪成海的孤山的景色。再读《疏影》：

苔枝缀玉。有翠禽小小，枝上同宿。客里相逢，篱角黄昏，无言自倚修竹。昭君不惯胡沙远，但暗忆江南江北。想佩环月夜归来，化作此花幽独。犹记深宫旧事，那人正睡里，飞近蛾绿。莫似春风，不管盈盈，早与安排金屋。还教一片随波去，又却怨玉龙哀曲。等恁时重觅幽香，已入小窗横幅。

"篱角黄昏，无言自倚修竹"，可使人想起岁寒三友图的一部。读到"已入小窗横幅"方才活现地在眼前呈现出一幅吴昌硕笔的梅花图。在这里可以悟到文学与造型美术（绘画、雕刻等）的不同。绘画与雕刻确是诉于感觉的艺术，但文学并不诉于感觉。文学只是用一种符号（文字）来使我们想起梅花的印象。例如我们看见"梅"之一字，从"梅"这字的本身上并不能窥见梅花的姿态。只因为看见了"梅"字之后，我们就会想起这字所代表的那种花，因而脑中浮出关于这花的回忆来。倘用心理学上的专词来说，这是用"梅"的一种符号来使我们脑中浮出梅花的"表象"。所以文学中的梅花，与绘画中的梅花全然不同，绘画是诉于"感觉"的，文学是诉于"表象"的。

表象艺术所异于感觉艺术的，是其需要理智的要素。例如"梅花开"，是"梅花"的表象与"开"的表象的结合。必须用理智来想一想这两个表象的关系，方才能知道文学所表现的意味。且文学中不但要表象，又需概念与观念。例如说"梅"所浮出的梅花的表象，必是从前在某处看见过的梅花。即从前的经验具象地浮出在脑际。这便是"表象"。但倘不说梅兰竹菊，而仅说一个"花"字，则脑中全然不能浮出一种具象的东西，只是一种漠然的、共通的抽象的花。这便是"概念"。又如不说梅或花，而说一抽象的"美"字，这便是"观念"。"旧时月色"的"旧时"，"不管清寒"的"清寒"，都是观念。"善恶""运命""幸福""和平"……都是观念。观念决不能具象地浮出在我们的脑中，只能使我们作论理的"思考"。

但在绘画上，就全然不同了。例如这里挂着一幅梅妻鹤子图。画中描一位林和靖先生，一只鹤和梅树。我们看这幅画时，虽然也要理智的活动，例如想起这是宋朝的处士林和靖先生，他是爱梅花和鹤的……但看画，仍以感觉为主。处士的风貌与梅鹤的样子，必诉于我们的眼。即绘画的本质仍是诉于我们的感觉的。理智的活动，不过是暂时的、一部分的、表面的。决不像读到"只因误识林和靖，惹得诗人说到今"的诗句时的始终深入于理智的思考中。

（选自《艺术趣味》，湖南文艺出版社，2002年版）

【交流之窗】

梅花的生活之美与艺术之美之间有怎样的关系？我们是从自然、人生发现艺术，还是从艺术发现自然、人生？为什么世人跟随艺术家的脚步走向未来？自然因了艺术家的培养而改变？绘画、文学等艺术形式的表现方法、审美心理产生的机制有何不同？你的审美人生中有类似的故事吗？带着这些问题，相信你对艺术与人生的关系会有较为深刻的思考。

艺术的园地

丰子恺

艺术的园中,旧时只有八个部分。就是绘画、雕塑、建筑、工艺、音乐、文学、舞蹈、演剧。现在应该添辟四部,就是书法、金石和照相、电影。前两者向来被忽视。因为这两者在西洋是没有的,西洋的艺术之园中不设此两部。中国旧时的艺术之园中,把"金石书画"三部分看作一部,使金石和书法附属于绘画,至于照相,从前不入艺术之园,或称之为"准艺术"。电影因为新兴,亦未被列入艺术之园的部类中。

其实,如果工艺(就是器什等日用品)列入艺术,照相也应该列入。如果演剧列入艺术,电影更应该列入。

所以现代的艺术之园,共有十二部门。用一个字代表一门,即书、画、金、雕、建、工、照、音、舞、文、剧、影。

现代艺术的园地中,有这一打东西蓬勃地发展着,光景何等热闹啊!

学习艺术,当然不是定要全部修习这十二门艺术。如果要做艺术专门家,一个人一生,只能修习数门或一门,甚至一门中的一部分。

但是,各种艺术都有共通的关系。所以修习一种,对于其他种不能全不顾问。尤其是中学生,需要获得各种常识,来建造健全人格的基础。故对于各种艺术,应该都知道一点。现在先就艺术的十二部门的状况,大约地讲说一番。好比游园,我们先走上一个高岸,鸟瞰全景,就园中各部的风光,大约地领略一番。

第一境,书法。这一境域,位在艺术的园地的东部最深之处,地势最高,风景最胜,游客差不多全是中国人,日本人有时也跟着中国人上去玩玩,西洋人则全无问津者。虽说游客全是中国人,但大多数的中国人,步到坡上就止步,不再上进。真能爬上高处、深入其境的人,其实也不很多。所以这在艺术的园地中,为最冷僻的区域。多数的游客,还不知道园中有这么一个去处呢。

我为什么这样比方呢?因为书法这种艺术,是我们中国所特有的,西洋向来没有书法艺术。日本人模仿中国人写汉字,但是写得好的极少。中国人虽然人人会拿毛笔写字,但大多数是实用的,不是艺术的。换言之,大多数人写字只求画平竖直,清楚工整,便于实用;而不讲求笔情墨趣,间架布局,以及碑意帖法等艺术的研究。因此,西洋人根本不知道有这一种艺术,中国人也多数不把它当作艺术看。尤其是到了现代,学校功课繁忙,社会国家多事。许多青年学子,没有时间,或者没有机会去认识、欣赏或研究这种艺术。又因为这是实用工具的缘故,被现代生活的繁忙加以简笔化,实用化,通俗化;商业竞争又给它图案化,广告化,奇怪化……几乎使它失去了原来的艺术性。现在我讲艺术,首先提到书法,而且赞扬它是最高的艺术。一般人听了这话,也许不相信。其实我这话根据着艺术的原则。艺术的主要原则之一,是用感觉领受。感觉中最高等的无过于眼和耳。诉于眼的艺术中,最纯正的无过于书法。诉于耳的艺术中,最纯正的无过于音乐。故书法与音乐,在一切艺术中占有最高的地位。故艺术的园地中,有两个高原。如果书法是东部高原,那么音乐就是西部高原。两者遥遥相对。

第二境,绘画。这一境域,也在园的东部,位在第一境之次。其地势不及第一境之高,而其地带却比第一境广大。在全园地中,这一境域范围特别广。游人也特别多。有许多人,专为游览此境而入艺术之园。游览别的境域的人,也必先到这境里来观瞻一番,然后他去。游客中,全世界各国的人都有。而中国人享有特权:这第二境虽与第一境毗连,而接壤之处没有界限。中国人到这第二境去游玩时,这界限便撤消,第一境与第二境相连通,任中国人随意游览。日本人托中国人的福,有时也得享受这特权。然能享受的人极少。

我为什么这样说呢?因为绘画在艺术中为最发达的一种。

全世界各民族都有绘画艺术。全世界的艺术家中,画家亦占有多数。绘画是造型艺术(书法、绘画、金石、雕塑、建筑、工艺等,凡专用眼鉴赏的,总称为造型艺术)的基础。所以凡学造型艺术的人,必须先学绘画,或者参考绘画。中国自古有"书画同源"之说。就是说描画要参考书法的用笔,方才画得出神气。所以中国的画家大都能书,书家大都能画。画要参考书法;而书不一定要参考画法。所以书法比绘画更为高深。反之，绘画比书法更为广大。这就是说，在质的方面，书胜于画；在量的方面，画胜于书。这两者在艺术中，一高一广，都很重要。

第三境，金石。这是艺术之园的东部最精小的一个区域，位在书画两境之旁，琼楼玉宇，中有雕栏画栋，备极精巧。这一区范围虽然最小，而层楼宝塔，直指云霄。其高度不亚于第一境。或曰，比第一境更高。因为地方太小太高，所以游人很少，只有几个中国人上去游览，直上最高层的也不多。中国人到此境内，也享有特权：即得撤去其与第二境、第一境的界限，而遨游于这三境之中。

读者大概都知道：金石，就是刻图章，是中国特有的一种极精深的艺术。在数方分的面积中，用刀刻上几个字，要它们布置妥帖，笔法典雅，全体调和，自成一个圆满无缺的小天地，原是难能可贵的事。专长这种艺术的人，叫作金石家。金石家大都兼通书画。故"书画金石"，向来并称。最近这方面的大家，像吴昌硕便是。他能画，能书，又能治金石，三种作品都很高明。最近逝世的弘一法师，即李叔同先生，也是三才兼长的一人。此外在中国还有许多专家。但因为这种艺术太精深，能欣赏的人甚少，所以不能发达。这是几方分的面积中的功夫，没有高度发达的审美眼，简直不能欣赏。所以这一区域，在艺术之园中，最为幽寂。

第四境，雕塑。此境与第二境接壤，是艺术之园中的一个动物园。第二境平旷，包含森罗万象；此境崎岖，多畜禽兽动物。这动物园没有独立的门。要游览此境，必须先入第二境，由第二境转入此境。

原来雕塑与绘画是姊妹艺术。绘画表现平面美，雕塑表现立体美。绘画取材极广，人物、动物、植物、矿物、天体，以及超自然界各种现象，均得入画。雕塑则取材较狭，大多数是人物、动物之像。要学雕塑，必须先学绘画。即由平面空间美的研究进入于立体空间美的研究。

这里要附记一笔：第二境（画）近来扩充一个新境地，位在园的东偏，外边向大众行道开放，内边与第二、三、四境（画、金、雕）交通。有人特称此境为"木刻境"，实则附属于第二境，故不另立，但附记于此。读者如欲游览此境，请从第二境转入。

第五境，建筑。此境位在第四境外边，离艺术之园的大门不远了。全园之中，此境最为繁华，各种供给都有，恰是园中的一个招待所。同时，因为繁华的缘故，缺乏自然之趣。

所以有许多游客，不爱向此境游览。这境地有一个特点，即与"工业的园地"接壤，而且交通往还甚密。因此，游客往往对它歧视，以为它不是完全属于"艺术的园地"的。

读者都知道：建筑是实用物之一。艺术约分二大类：一类是有实用的，还有一类是但供欣赏而无实用的。书画金石等，都属后者；建筑则属前者。在艺术上，称无实用的书画金石等为"纯正艺术"，称有实用的建筑等为"应用艺术"。

因为前者可作美的独立的表现。后者美只是房屋上的装饰。又称前者为"自由艺术"，后者为"羁绊艺术"。因为前者可以自由创作，后者被住居的条件所拘束,不能自由创造美的形式。况且工事方面,属于土木工程。故建筑被人视为"半艺术"。这半艺术,其实对人生关系甚大。因为建筑庞大而永久,其形式的美恶,对于人群的观感影响甚大。希腊全盛时代,曾利用最美的殿堂建筑的亲和力来统治人群的感情,使全国民众和谐团结,所以这种半艺术也不可忽视。

第六境,工艺。这境域更在第五境的外面,靠近艺术之园的大门了。繁华亦更甚于第五境。第五境是园中的招待所,这第六境可说是园中的市场。其与"工业的园地"的交通往还,也同前者一样的密。总之,各种情形,都与前境相似,只是零碎琐屑,规模较小而已。

工艺美术,如器具、纺织、日用品之类的制造,是属于工业的;但其形式的美,是属于艺术的。故工艺与建筑同为羁绊艺术或应用艺术。这两种艺术,都受实用条件的拘束。所以在艺术的园中,这二境位在大门口最浅显的地方。

第七境,照相。此境狭小简陋,向在艺术之园的大门以外,最近因为境内景象同第二境(画)有些相似,故被列入艺术的园地内,靠着园门,好比门房。这境域虽然狭陋,但近来努力模仿第二境,有时倒也足供游览。游客以西洋人为多数。有的西洋人,对于这第七境,竟用对第二境同样的兴味来欣赏。

照相,原来是工艺之一;最近模仿绘画,就得了"美术照相"的名称,而抬高了地位。同时在绘画方面,最近盛行一种如实描写的绘画,叫作"写实派"的,竟同照相类似。因此西洋人对于照相,有了与对绘画同样的兴味。但照相的制作，毕竟机械力居多，而人力居少。故作品中客观模仿的分子太多，主观创造的分子太少。故其艺术的价值低浅。只能派它做艺术之园的门房。

以上七境，都位于艺术之园的东部，由深而浅，自成系统。这东部七境，有一共通点，即都是静穆的境地。——这都是用眼睛观赏的。

还有五个境域，位在艺术之园的西部，也自成系统。待我一一说明如下：

第八境，音乐。这一境域，位在艺术之园的西部最深之处，地势最高，风景最胜，与东部的第一境（书法）相对峙。

但这所谓风景最"胜"，并非普通的好景。这境中并无固定的具体的楼台亭阁，花卉草木；只是云烟缥缈，波澜起伏，光色绚烂，气象万千，远胜于固定的具体的风景。第一境也有这种胜景，但与此境情形稍异：第一境是静止的，此境是流动的；第一境游客甚少，此境游客非常热闹。古今东西各国的人，都爱向此境游览。据孔子说，中国周朝时代，曾经有人深入此境，登其极顶。西洋也有许多意大利人与德意志人，遨游于此境的高处。但是多数的游客，不肯深入直上，大都爬到此境的坡上就止步。所以此境的热闹部分，只在低近之处。其高深的地方，同第一境一样地岑寂。

读者大约可由过去的经验领会得音乐境地的美妙。我明白告诉你，书法与音乐，是艺术中最精妙的两种。一切艺术中，表现的精微，前者诉于视觉，后者诉于听觉。表面形式各异，内容精神实同。你如不相信，我可举实例为证：用笔描写有名目的形状（例如画一朵花），笔墨受形状的拘束，难得自由发挥感兴。反之，描写无名目的线条（例如写字），就可在线条本身上自由发挥感兴了。表现有意义的声音（例如作诗，作文），声音受意义的拘束，难得自由发挥感兴。反之，表现无意义的声音（例如奏乐曲），就可在声音本身上自由发挥感兴了。故在艺术的本质上，书法高于绘画，音乐高于文学。

第九境，舞蹈。此境位于第八境之次，与第八境为贴邻。

据说在古代，第八、九两境不分界限，共通为一。后来虽然分别为二，但也时时交通。凡欲游览第九境，必须开通第八境的界门，徘徊往来于二境之间，同时并赏两地的风光。

舞蹈，就是用身体的姿态来表现种种情感。比较起音乐的用声音表现情感，工具简单而笨重，故需要音乐的帮助。但不用音乐帮助的默舞，也自有其独特的舞蹈美，被称为无声的音乐。读者须知道，人的身体，是艺术表现的工具之一，与声音、线条、色彩等同列。舞蹈便是以人体为工具的一种艺术。

第十境，文学。此境位在第八、九两境之次。地势不及第八境之高，而地带广大得多。这是西部最广大的区域，与东部最广大的第二境（画）相对峙。全境之中，此二境最广，亦最宏富。宇宙间森罗万象，人世间种种现状，此二境中无不包含。所异者，第二境皆静止相，此第十境则动静诸相具有。第十境的范围，实比第二境更广。所以有许多人，不当它是艺术之园中的一部分，而把它看作独立的一园。此境因范围太广，故内中又分做小部分，曰文、曰诗、曰词、曰曲……游客，世界各国的人都有，大都每人只能专游一部分。

因为地方太广，游了一部分，大都没有余力再游其他部分了。

第十一境，演剧。此境位在前三境（音、舞、文）之次，而与前三境相通。此境范围之大，与第十境相去不远。景物的宏富，亦与第十境相似。所异者，前境多抽象，此境多具象；前境单纯，此境复杂。以上所述十境中的景象，在第十一境中差不多齐备，所以有人称此境为"综合"境。

第十二境，电影。这实在不是一个境域，却是艺术之园的大门西首的一面大镜子。这镜子很大，立在第十一境（剧）的旁边，能把第十一境中的景象完全映出。艺术之境中，向来没有这面镜子，是最近新设立的。虽只薄薄的一片，却能总摄西部四境（音、舞、文、剧）的景象。所以近来游客特别众多。

最后三境，关系密切。因为文学中的戏剧与演剧、电影，根本是同一作品，作不同的表现。原来文学这种艺术，表现力最大。它是用言语为工具的，故宇宙界、人世界一切动静，都是它的题材。它虽然没有颜料，不能描一朵花，但它能用言语代替颜料，譬如"海棠经雨胭脂透"。它虽然没有音符，不能奏一个曲，但它能用言语代替音符，譬如"银瓶乍破水浆迸，铁骑突出刀枪鸣"。所以文学可说是万能的艺术。但其缺点，只是几句空言，要人想象出来；却没有具体的表现。演剧便是弥补这缺点的。它把文学中要人想象的东西，实际地演出，使鉴赏者不必想象而可看到实物，因而获得更强大的效果。

故曰，文学是脑筋中演出的剧，演剧是舞台上演出的剧。

至于电影，原来是演剧的复制。但凭仗机械的方法，能作演剧所不能作的表现，是其特长。这是艺术中后起之秀。其将来的发展，未可限量呢。

这算是艺术之园的一张地图。总之，东部七境皆静景，西部五境皆动景。此真可谓气象万千，美不胜收。况且园门无禁，昼夜公开。爱美诸君，盍兴乎来！

（选自《琴童》杂志，2013年第2期）

【交流之窗】

《红楼梦》大观园有"十二金钗"，一个个蕙心兰质、清芳流香；《艺术的园地》大观园有"十二部门"，一个个境界幽深、美不胜收。在这个艺术大观园里，十二部门分工、内容不同，分别处于园内不同的方位，而又彼此呼应关联。循路而入，尽情徜徉，你能够据此绘制一幅"艺术大观园"的地图吗？根据文章介绍，准确标明各个艺术门类的内容、方位及相互关系，并设计简明的解说词，带领爱美的朋友一起畅游！

第十编
艺术是玩的

⊙ 邢永峰绘

为什么"艺术是玩的"?

艺术的起源之一是游戏(玩)。18世纪德国哲学家席勒认为,艺术是一种以创造形式外观为目的的审美自由的游戏。"游戏"就是"玩"。人类在有意识的"玩"的过程中,使自己的思想得到了自由地发挥,而自由正是艺术追求的最高境界。"玩"是人类的天性,无论是古人还是今人。人们在玩的过程中逐渐升级玩的花样,从而打制出新的石器,制造出装饰物品,开始了对"美"的朦胧追求。就在不断的玩的过程中,艺术诞生了。

艺术追求的境界是自由,这与玩是相通的。李白的玩,"五岳寻仙不辞远,一生好入名山游""酒入豪肠,七分酿成了月光,余下的三分啸成剑气,绣口一吐就半个盛唐",化为自由的人间谪仙!陶渊明的玩"园日涉以成趣""时矫首而遐观""登东皋以舒啸,临清流而赋诗",回归生命的本真自由!苏轼的玩,一蓑烟雨,竹杖芒鞋,吟啸徐行,大雨无妨,更添生命情趣;王世襄的玩,玩物而持志,玩出广度和深度:深通中国古典文学,爬梳书法、绘画、养物、搜物、解剖等诸多艺术门类。"玩物"达到挚爱的地步!"玩"出了作品,玩出了境界。

不只追求功利,也要玩些"无用"的知识,才是诗意的艺术人生!艺术是玩的,但这个"玩"不同于一般的玩,是高级的玩,是有思想、有智慧、有趣味的创造性的玩!让我们以梦为马,驰骋在艺术的天空,玩出名堂,玩出快乐,畅游飞翔!

讲故事的人

莫　言

⊙莫言　莫丹绘

莫言，生于1955年，第一个获得诺贝尔文学奖的中国籍作家。代表作品有《红高粱》《丰乳肥臀》等。

　　我母亲不识字，但对识字的人十分敬重。我们家生活困难，经常吃了上顿没下顿，但只要我对她提出买书买文具的要求，她总是会满足我。她是个勤劳的人，讨厌懒惰的孩子，但只要是我因为看书耽误了干活，她从来没批评过我。有一段时间，集市上来了一个说书人。我偷偷地跑去听书，忘记了她分配给我的活儿。为此，母亲批评了我。晚上，当她就着一盏小油灯为家人赶制棉衣时，我忍不住地将白天从说书人那里听来的故事复述给她听，起初她有些不耐烦，因为在她心目中，说书人都是油嘴滑舌、不务正业的人，从他们嘴里，冒不出什么好话来。但我复述的故事，渐渐地吸引了她。以后每逢集日，她便不再给我排活儿，默许我去集上听书。为了报答母亲的恩情，为了向她炫耀我的记忆力，我会把白天听到的故事，绘声绘色地讲给她听。

　　很快地，我就不满足复述说书人讲的故事了，我在复述的过程中，不断地添油加醋。我会投我母亲所好，编造一些情节，有时候甚至改变故事的结局。我的听众,也不仅仅是我的母亲,连我的姐姐、我的婶婶、我的奶奶,都成为我的听众。我母亲在听完我的故事后,有时会忧心忡忡地,像是对我说,又像是自言自语:"儿啊,你长大后会成为一个什么人呢?难道要靠耍贫嘴吃饭吗?"我理解母亲的担忧,因为在村子里,一个贫嘴的孩子,是招人厌烦的,有时候还会给自己和家庭带来麻烦。我在小说《牛》里所写的那个因为话多被村里人厌恶的孩子,就有我童年时的影子。我母亲经常提醒我少说话,她希望我能做一个沉默寡言、安稳大方的孩子。但在我身上,却显露出极强的说话能力和极大的说话欲望,这无疑是极大的危险,但我的说故事的能力,又带给了她愉悦,这使她陷入深深的矛盾之中。

俗话说"江山易改,本性难移",尽管有我父母亲的谆谆教导,但我并没改掉我喜欢说话的天性,这使得我的名字"莫言",很像对自己的讽刺。我小学未毕业即辍学,因为年幼体弱,干不了重活,只好到荒草滩上去放牧牛羊。当我牵着牛羊从学校门前路过,看到昔日的同学在校园里打打闹闹,我心中充满悲凉,深深地体会到一个人——哪怕是一个孩子——离开群体后的痛苦。到了荒滩上,我把牛羊放开,让它们自己吃草。蓝天如海,草地一望无际,周围看不到一个人影,没有人的声音,只有鸟儿在天上鸣叫。我感到很孤独,很寂寞,心里空空荡荡。有时候,我躺在草地上,望着天上懒洋洋地飘动着的白云,脑海里便浮现出许多莫名其妙的幻象。我们那地方流传着许多狐狸变成美女的故事。我幻想着能有一个狐狸变成美女与我来做伴放牛,但她始终没有出现。但有一次，一只火红色的狐狸从我面前的草丛中跳出来时，我被吓得一屁股蹲在地上。狐狸跑没了踪影，我还在那里颤抖。有时候我会蹲在牛的身旁，看着湛蓝的牛眼和牛眼中的我的倒影。有时候我会模仿着鸟儿的叫声试图与天上的鸟儿对话，有时候我会对一棵树诉说心声。但鸟儿不理我，树也不理我。——许多年后，当我成为一个小说家，当年的许多幻想，都被我写进了小说。很多人夸我想象力丰富，有一些文学爱好者，希望我能告诉他们培养想象力的秘诀，对此，我只能报以苦笑。就像中国的先贤老子所说的那样："福兮祸所伏，祸兮福所倚。"我童年辍学，饱受饥饿、孤独、无书可读之苦，但我因此也像我们的前辈作家沈从文那样，及早地开始阅读社会人生这本大书。前面所提到的到集市上去听说书人说书，仅仅是这本大书中的一页。

辍学之后，我混迹于成人之中，开始了"用耳朵阅读"的漫长生涯。二百多年前，我的故乡曾出了一个讲故事的伟大天才——蒲松龄，我们村里的许多人，包括我，都是他的传人。我在集体劳动的田间地头，在生产队的牛棚马厩，在我爷爷奶奶的热炕头上，甚至在摇摇晃晃地行进着的牛车上，聆听了许许多多神鬼故事，历史传奇，逸闻趣事，这些故事都与当地的自然环境、家族历史紧密联系在一起，使我产生了强烈的现实感。

我做梦也想不到有朝一日这些东西会成为我的写作素材，我当时只是一个迷恋故事的孩子，醉心地聆听着人们的讲述。那时我是一个绝对的有神论者，我相信万物都有灵性，我见到一棵大树会肃然起敬。我看到一只鸟会感到它随时会变化成人，我遇到一个陌生人，也会怀疑他是一个动物变化而成。每当夜晚我从生产队的记工房回家时，无边的恐惧便包围了我，为了壮胆，我一边奔跑一边大声歌唱。那时我正处在变声期，嗓音嘶哑，声调难听，我的歌唱，是对我的乡亲们的一种折磨。

我在故乡生活了二十一年，其间离家最远的是乘火车去了一次青岛，还差点迷失在木材厂的巨大木材之间，以至于我母亲问我去青岛看到了什么风景时，我沮丧地告诉她：什么都没看到，只看到了一堆堆的木头。但也就是这次青岛之行，使我产生了想离开故乡到外边去看世界的强烈愿望。

1976年2月，我应征入伍，背着我母亲卖掉结婚时的首饰帮我购买的四本《中国通史简编》，走出了高密东北乡这个既让我爱又让我恨的地方，开始了我人生的重要时期。我必须承认，如果没有多年来中国社会的巨大发展与进步，如果没有改革开放，也不会有我这样一个作家。

在军营的枯燥生活中，我迎来了八十年代的思想解放和文学热潮，我从一个用耳朵聆听故事，用嘴巴讲述故事的孩子，开始尝试用笔来讲述故事。起初的道路并不平坦，我那时并没有意识到我二十多年的农村生活经验是文学的富矿，那时我以为文学就是写好人好事，就是写英雄模范，所以，尽管也发表了几篇作品，但文学价值很低。

1984年秋，我考入解放军艺术学院文学系。在我的恩师著名作家徐怀中的启发指导下，我写出了《秋水》《枯河》《透明的红萝卜》《红高粱》等一批中短篇小说。在《秋水》这篇小说里，第一次出现了"高密东北乡"这个字眼，从此，就如同一个四处游荡的农民有了一片土地，我这样一个文学的流浪汉，终于有了一个可以安身立命的场所。我必须承认，在创建我的文学领地"高密东北乡"的过程中，美国的威廉·福克纳和哥伦比亚的加西亚·马尔克斯给了我重要启发。我对他们的阅读并不认真，但他们开天辟地的豪迈精神激励了我，使我明白了一个作家必须要有一块属于自己的地方。一个人在日常生活中应该谦卑退让，但在文学创作中，必须颐指气使，独断专行。

我追随在这两位大师身后两年，即意识到，必须尽快地逃离他们，我在一篇文章中写道：他们是两座灼热的火炉，而我是冰块，如果离他们太近，会被他们蒸发掉。根据我的体会，一个作家之所以会受到某一位作家的影响，其根本是因为影响者和被影响者灵魂深处的相似之处。正所谓"心有灵犀一点通"。所以，尽管我没有很好地去读他们的书，但只读过几页，我就明白了他们干了什么，也明白了他们是怎样干的，随即我也就明白了我该干什么和我该怎样干。我该干的事情其实很简单，那就是用自己的方式，讲自己的故事。我的方式，就是我所熟知的集市说书人的方式，就是我的爷爷奶奶、村里的老人们讲故事的方式。坦率地说，讲述的时候，我没有想到谁会是我的听众，也许我的听众就是那些如我母亲一样的人，也许我的听众就是我自己。我自己的故事，起初就是我的亲身经历，譬如《枯河》中那个遭受痛打的孩子，譬如《透明的红萝卜》中那个自始至终一言不发的孩子。

我的确曾因为干过一件错事而受到过父亲的痛打，我也的确曾在桥梁工地上为铁匠师傅拉过风箱。当然，个人的经历无论多么奇特也不可能原封不动地写进小说，小说必须虚构，必须想象。很多朋友说《透明的红萝卜》是我最好的小说，对此我不反驳，也不认同，但我认为《透明的红萝卜》是我的作品中最有象征性、最意味深长的一部。那个浑身漆黑、具有超人的忍受痛苦的能力和超人的感受能力的孩子，是我全部小说的灵魂。尽管在后来的小说里，我写了很多的人物，但没有一个人物，比他更贴近我的灵魂。或者可以说，一个作家所塑造的若干人物中，总有一个领头的，这个沉默的孩子就是一个领头的，他一言不发，但却有力地领导着形形色色的人物，在高密东北乡这个舞台上，尽情地表演。自己的故事总是有限的，讲完了自己的故事，就必须讲他人的故事。于是，我的亲人们的故事，我的村人们的故事，以及我从老人们口中听到过的祖先们的故事，就像听到集合令的士兵一样，从我的记忆深处涌出来。他们用期盼的目光看着我，等待着我去写他们。我的爷爷、奶奶、父亲、母亲、哥哥、姐姐、姑姑、叔叔、妻子、女儿，都在我的作品里出现过，还有很多的我们高密东北乡的乡亲，也都在我的小说里露过面。当然，我对他们，都进行了文学化的处理，使他们超越了他们自身，成为文学中的人物。

我最新的小说《蛙》中，就出现了我姑姑的形象。因为我获得诺贝尔文学奖,许多记者到她家采访,起初她还很耐心地回答提问,但很快便不胜其烦,跑到县城里她儿子家躲起来了。姑姑确实是我写《蛙》时的模特,但小说中的姑姑,与现实生活中的姑姑有着天壤之别。小说中的姑姑专横跋扈,有时简直像个女匪,现实中的姑姑和善开朗,是一个标准的贤妻良母。现实中的姑姑晚年生活幸福美满,小说中的姑姑到了晚年却因为心灵的巨大痛苦患上了失眠症,身披黑袍,像个幽灵一样在暗夜中游荡。我感谢姑姑的宽容,她没有因为我在小说中把她写成那样而生气;我也十分敬佩我姑姑的明智,她正确地理解了小说中人物与现实中人物的复杂关系。母亲去世后,我悲痛万分,决定写一部书献给她。这就是那本《丰乳肥臀》。因为胸有成竹,因为情感充盈,仅用了83天,我便写出了这部长达50万字的小说的初稿。

在《丰乳肥臀》这本书里,我肆无忌惮地使用了与我母亲的亲身经历有关的素材,但书中的母亲情感方面的经历,则是虚构或取材于高密东北乡诸多母亲的经历。在这本书的卷前语上,我写下了"献给母亲在天之灵"的话,但这本书,实际上是献给天下母亲的,这是我狂妄的野心,就像我希望把小小的"高密东北乡"写成中国乃至世界的缩影一样。

作家的创作过程各有特色,我每本书的构思与灵感触发也都不尽相同。有的小说起源于梦境,譬如《透明的红萝卜》,有的小说则发端于现实生活中发生的事件——譬如《天堂蒜薹之歌》。但无论是起源于梦境还是发端于现实,最后都必须和个人的经验相结合,才有可能变成一部具有鲜明个性的、用无数生动细节塑造出了典型人物、语言丰富多彩、结构匠心独运的文学作品。有必要特别提及的是,在《天堂蒜薹之歌》中,我让一个真正的说书人登场,并在书中扮演了十分重要的角色。我十分抱歉地使用了这个说书人的真实姓名,当然,他在书中的所有行为都是虚构。在我的写作中,出现过多次这样的现象,写作之初,我使用他们的真实姓名,希望能借此获得一种亲近感,但作品完成之后,我想为他们改换姓名时却感到已经不可能了,因此也发生过与我小说中人物同名者找到我父亲发泄不满的事情,我父亲替我向他们道歉,但同时又开导他们不要当真。我父亲说:"他在《红高粱》中,第一句就说'我父亲这个土匪种',我都不在意,你们还在意什么?"

我在写作《天堂蒜薹之歌》这类逼近社会现实的小说时,面对着的最大问题,其实不是我敢不敢对社会上的黑暗现象进行批评,而是这燃烧的激情和愤怒会让政治压倒文学,使这部小说变成一个社会事件的纪实报告。小说家是社会中人,他自然有自己的立场和观点,但小说家在写作时,必须站在人的立场上,把所有的人都当作人来写。

只有这样,文学才能发端事件但超越事件,关心政治但大于政治。可能是因为我经历过长期的艰难生活,使我对人性有较为深刻的了解。我知道真正的勇敢是什么,也明白真正的悲悯是什么。我知道,每个人心中都有一片难用是非善恶准确定性的朦胧地带,而这片地带，正是文学家施展才华的广阔天地。只要是准确地、生动地描写了这个充满矛盾的朦胧地带的作品，也就必然地超越了政治并具备了优秀文学的品质。

喋喋不休地讲述自己的作品是令人厌烦的，但我的人生是与我的作品紧密相连的，不讲作品，我感到无从下嘴，所以还得请各位原谅。在我的早期作品中，我作为一个现代的说书人，是隐藏在文本背后的，但从《檀香刑》这部小说开始，我终于从后台跳到了前台。如果说我早期的作品是自言自语，目无读者，从这本书开始，我感觉到自己是站在一个广场上，面对着许多听众，绘声绘色地讲述。这是世界小说的传统，更是中国小说的传统。我也曾积极地向西方的现代派小说学习，也曾经玩弄过形形色色的叙事花样，但我最终回归了传统。

当然，这种回归，不是一成不变的回归，《檀香刑》和之后的小说，是继承了中国古典小说传统又借鉴了西方小说技术的混合文本。小说领域的所谓创新，基本上都是这种混合的产物。不仅仅是本国文学传统与外国小说技巧的混合，也是小说与其他的艺术门类的混合，就像《檀香刑》是与民间戏曲的混合，就像我早期的一些小说从美术、音乐甚至杂技中汲取了营养一样。

最后，请允许我再讲一下我的《生死疲劳》。这个书名来自佛教经典，据我所知，为翻译这个书名，各国的翻译家都很头痛。我对佛教经典并没有深入研究，对佛教的理解自然十分肤浅，之所以以此为题，是因为我觉得佛教的许多基本思想，是真正的宇宙意识，人世中许多纷争,在佛家的眼里,是毫无意义的。这样一种至高眼界下的人世,显得十分可悲。当然,我没有把这本书写成布道词,我写的还是人的命运与人的情感,人的局限与人的宽容,以及人为追求幸福、坚持自己的信念所做出的努力与牺牲。小说中那位以一己之身与时代潮流对抗的蓝脸,在我心目中是一位真正的英雄。这个人物的原型,是我们邻村的一位农民,我童年时,经常看到他推着一辆吱吱作响的木轮车,从我家门前的道路上通过。给他拉车的,是一头瘸腿的毛驴,为他牵驴的,是他小脚的妻子。这个奇怪的劳动组合,在当时的集体化社会里,显得那么古怪和不合时宜,在我们这些孩子的眼里,也把他们看成是逆历史潮流而动的小丑,以至于当他们从街上经过时,我们会充满义愤地朝他们投掷石块。事过多年,当我拿起笔来写作时,这个人物,这个画面,便浮现在我的脑海中。我知道,我总有一天会为他写一本书,我迟早要把他的故事讲给天下人听,但一直到了2005年,当我在一座庙宇里看到"六道轮回"的壁画时,才明白了讲述这个故事的正确方法。

我获得诺贝尔文学奖后,引发了一些争议。起初,我还以为大家争议的对象是我,渐渐地,我感到这个被争议的对象,是一个与我毫不相关的人。我如同一个看戏人,看着众人的表演。我看到那个得奖人身上落满了花朵,也被掷上了石块、泼上了污水。我生怕他被打垮,但他微笑着从花朵和石块中钻出来,擦干净身上的脏水,坦然地站在一边,对着众人说:对一个作家来说,最好的说话方式是写作。我该说的话都写进了我的作品里。用嘴说出的话随风而散，用笔写出的话永不磨灭。我希望你们能耐心地读一下我的书，当然，我没有资格强迫你们读我的书。

即便你们读了我的书，我也不期望你们能改变对我的看法，世界上还没有一个作家，能让所有的读者都喜欢他。在当今这样的时代里，更是如此。

尽管我什么都不想说，但在今天这样的场合我必须说话，那我就简单地再说几句。

我是一个讲故事的人，我还是要给你们讲故事。二十世纪六十年代，我上小学三年级的时候，学校里组织我们去观一个苦难展览，我们在老师的引领下放声大哭。为了能让老师看到我的表现，我舍不得擦去脸上的泪水。我看到有几位同学悄悄地将唾沫抹到脸上冒充泪水。我还看到在一片真哭假哭的同学之间，有一位同学，脸上没有一滴泪，嘴巴里没有一点声音，也没有用手掩面。他睁着大眼看着我们，眼睛里流露出惊讶或者是困惑的神情。事后，我向老师报告了这位同学的行为。为此，学校给了这位同学一个警告处分。多年之后，当我因自己的告密向老师忏悔时，老师说，那天来找他说这件事的，有十几个同学。这位同学十几年前就已去世，每当想起他，我就深感歉疚。这件事让我悟到一个道理，那就是：当众人都哭时，应该允许有的人不哭。当哭成为一种表演时，更应该允许有的人不哭。

我再讲一个故事：三十多年前，我还在部队工作。有一天晚上，我在办公室看书，有一位老长官推门进来，看了一眼我对面的位置，自言自语道："噢，没有人？"我随即站起来，高声说："难道我不是人吗？"那位老长官被我顶得面红耳赤，尴尬而退。为此事，我洋洋得意了许久，以为自己是个英勇的斗士，但事过多年后，我却为此深感内疚。

请允许我讲最后一个故事，这是许多年前我爷爷讲给我听过的：有八个外出打工的泥瓦匠，为避一场暴风雨，躲进了一座破庙。外边的雷声一阵紧似一阵，一个个的火球，在庙门外滚来滚去，空中似乎还有吱吱的龙叫声。众人都胆战心惊，面如土色。有一个人说："我们八个人中，必定有一个人干过伤天害理的坏事，谁干过坏事，就自己走出庙接受惩罚吧，免得让好人受到牵连。"自然没有人愿意出去。又有人提议道："既然大家都不想出去，那我们就将自己的草帽往外抛吧，谁的草帽被刮出庙门，就说明谁干了坏事，那就请他出去接受惩罚。"于是大家就将自己的草帽往庙门外抛，七个人的草帽被刮回了庙内，只有一个人的草帽被卷了出去。大家就催这个人出去受罚，他自然不愿出去，众人便将他抬起来扔出了庙门。故事的结局我估计大家都猜到了——那个人刚被扔出庙门，那座破庙轰然坍塌。我是一个讲故事的人。因为讲故事我获得了诺贝尔文学奖。我获奖后发生了很多精彩的故事，这些故事，让我坚信真理和正义是存在的。

今后的岁月里，我将继续讲我的故事。

（选自莫言2012年12月8日在瑞典学院发表的演讲《讲故事的人》）

【交流之窗】

当莫言获得诺贝尔文学奖的消息传来时，举国振奋。当莫言在诺贝尔颁奖典礼上的发言《讲故事的人》传来时，我很震惊。原来，大作家是这样轻松地演讲的；原来，大作家的文学之路是从"玩"开始的。没有"头悬梁，锥刺股"的刻苦攻读，没有"吟安一个字，捻断数茎须"的苦创苦改。一开始，只是享受地"用耳朵阅读"，然后开始讲故事，讲着讲着就讲到了诺贝尔文学奖领奖台上。原来，莫言的文学是"玩"出来的！

"玩文学"的科学家们

徐　强

"鲁拜"是波斯（今伊朗）的一种诗歌形式，每首四行，一、二、四行通常押韵，有点像我国格律诗中的绝句。奥玛珈音一生写了大量的鲁拜（归其名下的作品多达上千首），英国诗人爱德华·菲茨杰拉德从中精选了101首译成英文，斟酌锤炼，数易其稿，至死方休。他的译作，已经成为英语文学殿堂中的璀璨明珠。现在风行全球的《鲁拜集》，就是菲茨杰拉德的第五版英译本。

有意思的是，奥玛珈音的本行并非写诗，而是数学与天文。据说他"曾改造历法，提出太阳中心论，比哥白尼的理论早了三个多世纪"（黄克孙《鲁拜集·自序》），还写有研究代数、几何的专著。更加有意思的是，《鲁拜集》几个最有代表性的中译本的译者，也都是自然科学家，或者具有自然科学的背景。比如郭沫若，留学日本时最初学的是医学；黄克孙是著名的物理学家，曾在美国麻省理工学院担任教授，写有《统计力学》《量子场论》等；程侃声（笔名鹤西）则是著名的水稻种质资源学家，在我国水稻科学发展史上厥功甚伟。

说起来，后两位译者和广西还有一些联系——黄克孙1928年生于南宁,程侃声曾在广西大学农学院执教——使我这个地道的广西人在读他们的译作时,多了几分亲切感。一个自然科学家写的一本诗集,由几个自然科学家或者有自然科学背景的人翻译成中文,这种有趣的"巧合",堪称文坛佳话。郭、黄、程的译本,都是从菲茨杰拉德的英译本转译而来的。各人的阅历、理解、感悟不同,译文也各有韵味,各显千秋。郭沫若译《鲁拜集》时,挟《女神》创作之"余威",才气逼人;黄克孙独辟蹊径,以七言绝句转达奥玛珈音的神韵,高古典雅;程侃声则自律甚严,力求完美,自己不满意的译稿,决不公开示人。三家译笔,均有独到之处,不妨兼而阅之,以增广见识、开阔眼界。

兹试抄两例如下,与同好共赏——第66首,菲茨杰拉德的译文是:I sent my Soul through the Invisible, Some letter of that After-life to spell: And by and by my Soul return'd to me, And answer'd "I Myself am Heav'n and Hell." 郭译为:我遣我的灵魂通过不可见的世界/走去翻读些未来世的文章。/我的灵魂渐渐转来告道:/"我自己便是地狱,便是天堂。"黄译为:欲寻身后路茫茫,自遣离魂到大荒。魂魄归来唯一语:"我兼地狱与天堂。"程译为:我叫我的灵魂去那虚无之乡,/对身后的情况进行探访;/慢慢地他又回到我的身边,/回复说:"我自己就是地狱,也是天堂。"

第37首,菲茨杰拉德的译文是:For I remember stopping by the way/To watch a Potter thumping his wet Clay: /And with its allobliterated Tongue/It murmur'd——"Gently, Brother, gently, pray!"郭译为：忆昔我纡徐路途,/曾见过陶人捣土：/土中有微弱的声音哀叫——"轻轻罢,朋友,轻轻地捣！"黄译为：南山采土冶为瓯,土语啾啾说不休："我亦当年尘上客,劳君雕琢要温柔。"程译为：因为我记得我曾停留在一个路旁,/看见制陶人在拍打他湿润的土样;/这陶土用它已经不在的舌头说,"兄弟,/我也曾是和你一样的人,请你轻拿轻放！"

　　这两首诗,一首谈人性的复杂,一首谈人生的卑微,都是穿透人心的文字。就人性来说,没有绝对的"好人",也没有绝对的"坏人",每个人的灵魂都是善恶交织的场所,心生邪念,此身即为地狱,心发慈愿,此身便是天堂。而在茫茫宇宙中,人的生命又是渺小卑微的,不管是帝王将相,还是贩夫走卒,终将化为一把黄土,归于沉寂。诗人用生花妙笔,给泥土以生命,让它发出"我亦当年尘上客"的声音,在大幽默之中,乃见大悲凉。对上述诸家的文采风流悉心比照,品味揣摩,是一件怡神的事情。包括奥玛珈音在内,虽然各人的行文风格不一,但有一点窃以为是相同的,就是他们都在"玩文学"。这当然不是说他们轻薄、亵渎文学,而是说他们把文学当作人生的爱好,尽情享受其中的乐趣。文学不是他们的"稻粱谋",不是他们的"工具"和"负担",而是愉悦精神的憩园。他们的心灵是自由的,从自由的心灵里流淌出来的韵律,因此也是优美、纯净的,有如天籁之音,悦耳动听。

　　近来时常有人追问：为什么我们培养不出大师？这其实是一个颇

具功利色彩的问题。大师需要的不是刻意培养,而是自由生长。放眼所及,看看有多少人为了谋生而变成日夜轰鸣、高速运转的机器,又有多少人像奥玛珈音一样不为外物所累,心静如水,可以在多学科、多领域之间自由徜徉,问题的答案也就不言而喻了。

（选自《辽沈晚报》,2016年7月18日版）

【交流之窗】

英语文学殿堂中的璀璨明珠——《鲁拜集》,是科学家在"玩文学";各译者行文风格不一,也是在"玩文学";作者"对上述诸家的文采风流悉心比照,品味揣摩,是一件怡神的事情",不也是在玩文学么？"大师需要的不是刻意培养,而是自由生长",言外之意,有兴趣玩是大师"自由生长"的土壤。看看我们身边,有几人对事业是"真正的玩家",又有多少人"为了谋生而变成日夜轰鸣、高速运转的机器"？不寒而栗！

玩物而不用丧志

启 功

启功（1912—2005），中国书法家、书画鉴定家。

  我的一位挚友王世襄先生，是一位最不丧志的玩物大家。大家二字，并非专指他名头高大，实为说明他的玩物是既有广度，又有深度。先说广度：他深通中国古典文学，能古文，能骈文；能作诗，能填词。外文通几国的我不懂，但见他不待思索地率意聊天，说的是英语。他写一手欧体字，还深藏若虚地画一笔山水花卉。喜养鸟、养鹰、养猎犬，能打猎；喜养鸽，收集鸽哨；养蟋蟀等虫，收集养虫的葫芦。玩葫芦器，就自己种葫芦，雕模具，制成的葫芦器上有自己的别号，曾流传出去，被人误认为古代制品，印入图录，定为乾隆时物。

  再说深度：他对艺术理论有深刻的理解和透彻的研究。把中国古代绘画理论条分缕析，使得一向说得似乎玄妙莫测而且又千头万绪的古代论画著作，搜集爬梳，即使纷繁纳入条理，又使深奥变为显豁。读起来，那些抽象的比拟，都可以了如指掌了。

  王先生于一切工艺品不但都有深挚的爱好，而且都要加以进一步地了解，不辞劳苦地亲自解剖。所谓解剖，不仅指拆开看看，而是从原料、规格、流派、地区、艺人的传授，等等，无一不要弄得清清楚楚。为弄清楚，常常谦虚、虔诚地向民间老工艺家求教。因此，一些晓市、茶馆，黎明时民间艺人已经光临，他也绝不迟到，交下了若干行中有若干项专长绝技的良师益友。"相忘江湖"，使得那些位专家对这位青年，谁也不管他是什么家世、学历、工作，更不用说有什么学问著述，而成了知己。举一个有趣的小例：他爱自己炒菜，每天到菜市排队。有一位老庖师和他谈起话来说："干咱们这一行……"就这样，把他真当成同行。因此也可以见他的衣着、语言、对人的态度，和这位老师傅是如何的水乳，使这位老人不疑他不是"同行"。

王先生有三位舅父，一位是画家，两位是竹刻家。画家门生众多，是一代宗师。竹刻家除传下竹刻作品外，只留下些笔记材料，交给他整理。他于是从头讲起，把刻竹艺术的各个方面周详地叙述，并阐发亲身闻见于舅父的刻竹心得，出版了那册《刻竹小言》，完善了也是首创了刻竹艺术的全史。

他爱收集明清木器家具，家里院子大、房屋多，家具也就易于陈设欣赏。忽然全家凭空被压缩到一小间屋中去住，一住住了十年。十年后才一间一间地慢慢松开。家具也由全部被人英雄般地搬走，到神仙般地搬回，家具和房屋的矛盾是不难想象的。就是这样的搬去搬回，还不止一次。那么家具的主人又是如何把这宗体积大、数量多的木器收进一间、半间的"宝葫芦"中呢？毫不神奇，主人深知家具制造之法，会拆卸，也会攒回，他就拆开捆起，叠高存放。因为怕再有英雄神仙搬来搬去,就没日没夜地写出有关明式家具的专书,得到海内外读者的喝彩。

(选自《启功全集》,北京师范大学出版社,2009年版)

【交流之窗】

特别喜欢启功先生的幽默自然。王世襄的玩物之"玩",在于真心地喜欢;不仅仅在玩,更在于深深地热爱,发自内心的爱,所以便"玩"出作品,玩出境界。兴趣是最好的老师。

启功先生在另一篇文中说:"王世襄先生的玩物,是'研物',在许多旁人看作是玩的东西,在王世襄眼里都是学问。"不要只追求有用的知识,也要学一些"无用"的知识,方是艺术化的人生。王世襄曾说:人生的价值不在于据有事物,而在于观察赏析,有所发现,使之上升为知识,有助于文化的研究与发展。这是玩的最高境界。

玩是大境界

冯景元

冯景元，生于1941年，当代诗人、作家。

马三立说了一辈子相声，高龄走后，给世人留下三个字："逗你玩"。无独有偶，陈省身走后，也留下同样有意思的话："好玩"。

一个在世时被称为中国相声界的泰斗，一个在世时是世界级的数学大师。

两个在各自业界独领风骚的人物，在给人们留下不同的精华的同时，却给人们留下一种同样的心态：活着，有些事情别太当真，当玩。

人经过世事以后"品玩"，和人之初不谙世事的"嗜玩"，和人活着什么正经事都不会做，就只光是玩，是不一样的。

"玩"是走过一生后，流过血、流过泪、有过名、有过利，经历过沧桑、荣辱、起落、沉浮，尔后进入的一种境界、一种诠释、一种了知，抑或也是一种彻、悟、觉。是老了之后，看世界，看世事，南南北北、东东西西、生生死死、起起落落，什么全明白了之后，悟出的一个字。

谈艺论学到一定程度，有一种物我一体、随机而发，一切如花，花如一切的享受，这也是玩。

鲁迅不避讳玩，鲁迅的许多文章中都讲到这个"玩"字。玩是初界，也是大界。因玩废了业的大有人在，那是荒时、荒岁、荒业、荒人的结果。因玩而成了业的也大有人在，那是尽心、尽情、尽趣、尽兴之余发。

玩，是人生得温饱后，步入无欲的最高境界。只是玩什么都可以，不要玩人。把玩和人弄在一起，是很可怕的。古话说"逢人不说人间事，便是人间无事人"。玩人的人，最终不但自己也要被人玩，而且还会被自己玩。

（选自《杂文月刊（文摘版）》，2012年11期）

【交流之窗】

"因玩而成了业的也大有人在，那是尽心、尽情、尽趣、尽兴之余发。"在兴趣的基础上，投入自己的全部身心，乐在其中，才能玩出大境界。"玩"是觉悟后的一种境界，对艺术家来说，玩，就是不媚俗，保持自己的本心。凡·高的作品，生前只卖出去一幅。音乐大师舒伯特不得不用他的乐曲换取一份土豆烧牛肉做晚餐，因为他们都是在"玩"。伟大的艺术家，哪个不是玩出来的？以好玩之心，做欢喜之事，人生快乐幸福的境界啊！